Amor, dicha, satisfacción

Sentimiento vs emoción

Diana & Michael Richardson

Amor, dicha, satisfacción

Sentimiento vs emoción

Trad. de Fany Carmona Vega

Ediciones B
México

México · Barcelona · Bogotá · Buenos Aires · Caracas · Madrid
Montevideo · Quito · Santiago de Chile

Amor, dicha, satisfacción. Sentimiento vs emoción

Titulo original: *Tantric Love: Feeling versus Emotion. Golden Rules to Make Love Easy*

Primera edición, junio 2011

ISBN 978-607-480-145-3

Impreso en México | *Printed in Mexico*

Dedicado a la visión de Osho para la humanidad

E é para você
e pra todo mundo que quer trazer assim
e paz no coraçäo.

Para ti
y para todo el que quiera cargar
paz en su corazón.

Canción *Gabriel* de Beto Guedes

ÍNDICE

PREFACIO

Si tan sólo estás curioseando en una librería y hojeas estas páginas, y no has leído nada de Diana Richardson, puede que te preguntes: ¿*Amor, dicha, satisfacción. Sentimiento vs emoción* es el libro indicado para mí? Entonces puedo decirte que los libros escritos por Diana Richardson (y ahora por primera vez con su pareja) son los más importantes que he leído en los últimos años.

Después de haberla recomendado a varias personas, no sólo como terapeuta y consultora de parejas, sino también como escritora, *The Heart of Tantric Sex* y *Tantric Orgasm for Women*, estoy encantada de encontrar más material con *Amor, dicha, satisfacción. Sentimiento vs emoción*. Además, estoy contenta de encontrar una oportunidad para expresar mi entusiasmo y agradecimiento por el enfoque que descubrí en la escritura de Diana

Richardson. Sentí un profundo alivio al encontrar finalmente una respuesta más allá de las posturas técnicas y fantásticas de la búsqueda interminable del amante perfecto. También encontré un nuevo camino que está explicado en sus libros de una manera concreta y práctica.

Este nuevo libro, *Amor, dicha, satisfacción. Sentimiento vs emoción,* está dedicado a un tema que domina y agita nuestras vidas: las emociones. Éstas son las que obstruyen nuestra visión del amor e impiden que ocurra lo que más anhelamos: estar presentes, satisfechos y ser capaces de entrar en una conexión profunda con los demás. ¿Cuál es la diferencia entre las emociones y los sentimientos? ¿Cómo puedes aprender a liberarte de sus fuerzas inconscientes? ¡Puedes descubrirlo directamente en este libro! Como escribe Diana Richardson: "Vivimos para amar, nada es más verdadero que eso. Estamos aquí por el amor y el amor es el que nos mantiene vivos".

Eva-María Zurhorst, Alemania, 2006.

Eva-María Zurhorst es autora del bestseller Love Yourself... And it Doesn't Matter Who You Marry

RECONOCIMIENTOS

QUEREMOS EXTENDER NUESTRA GRATITUD a las parejas que nos han permitido publicar sus experiencias personales distinguiendo entre el sentimiento y la emoción. Gracias a Miguel Ruiz y Eckhart Tolle por su amable permiso para usar extractos de sus escritos, y a la Osho Foundation International por permitirnos el uso de las palabras inspiradoras de Osho.

NOTA DE LOS AUTORES

Los libros *Tantra, Amor y Sexo, Orgasmo tántrico para mujeres y Sexo tántrico para hombres* incluyen un capítulo sobre el significativo tema de las emociones. En *Amor, dicha, satisfacción. Sentimiento vs emoción,* el material sobre las emociones ha sido retirado del contexto sexual y ha sido amplificado. Ahora aparece por separado y como un libro en sí porque la información sobre los "sentimientos y las emociones" tiene la misma importancia y valor para cada individuo o pareja, ya sea que estén interesados en explorar el sexo (y por lo tanto más probable que lean nuestros libros) o no. De cualquier manera, como el sexo y las emociones frecuentemente están vinculados, habrá varias referencias necesarias sobre sexo. Sin embargo, no hay una guía directa sobre sexo como en nuestros otros libros.

Una revelación sobre la "emoción" es válida para todos los individuos, ya sean solteros o en pareja. Llevamos trabajando con parejas durante casi veinte años y durante este tiempo hemos observado que la información que presentamos en nuestros retiros de una semana de "haciendo el amor" sobre "sentimientos y emociones", tiene un impacto profundo y positivo, y le permite a las parejas mantener su amor, en lugar de experimentar el amor como algo que "aumenta y disminuye".

La mayor parte de la infelicidad en la tierra es resultado de la emoción. Si queremos presenciar un cambio en la tierra hacia la luz y el amor, por el cual recemos, tendría que ser esencialmente una nueva conciencia sobre la emoción y sus consecuencias destructivas. La emoción opera "inconscientemente" en nosotros y es urgente reconocer cuándo está "activa". Hoy en día mucha gente se siente indefensa y sin poder ante las fuerzas inconscientes que están presentes en nuestra sociedad. Aun así, no debemos perder la esperanza o abandonar nuestra responsabilidad personal. Como individuos realmente estamos en una posición en la que podemos contribuir amorosamente a la paz, mediante el cuestionamiento de nuestros patrones emocionales negativos inconscientes, que yacen en la raíz de la mayor parte de nuestra infelicidad. Vivimos para amar, no hay nada más claro y verdadero que eso. El amor es por lo que estamos aquí, la luz que nos alienta a seguir hacia adelante. Cuando tenemos la capacidad para reconocer nuestro "lado emocional", y tenemos a la mano "reglas de oro" constructivas, nos permitimos vivir de manera dichosa, y el amor se mantiene como una sutil, pero vibrante corriente siempre presente, fluyendo a través de la vida.

Diana & Michael Richardson

CAPÍTULO I

EL AMOR NO ES UNA EMOCIÓN

Los altibajos del amor

QUIZÁ HAYAS NOTADO que la mayoría de las veces, cuando le preguntas a algún amigo sobre su vida amorosa, siempre recibes una respuesta estándar, sin importar con qué amigo estés platicando. Tal vez incluso tú des las mismas respuestas. La respuesta más común es: "Con altas y bajas, ya sabes cómo es esto".

Estas palabras son repetidas constantemente y a base de la repetición se han convertido en una especie de mantra hipnótico que inconscientemente asociamos con el amor: el amor es inestable. El cambiar de pareja tampoco parece producir ningún resultado distinto en la situación. Tan pronto como termina la luna de miel, la plática de "altas y bajas" comienza.

Es interesante observar cómo al escuchar más atentamente a los demás o a ti mismo, el mantra siempre empieza como una declaración: "Con altas y bajas" y termina como una pregunta: "ya sabes cómo es esto." Usualmente hay un pequeño aumento en el volumen de la entonación que acompaña a las palabras: "ya sabes cómo es esto". La inflexión en la voz le indica al oyente que en realidad se está buscando su empatía "a ti te pasa lo mismo, ¿no es así?" o "tu experiencia es similar, ¿no?". La "pregunta" implícita crea una camaradería, un sentimiento de fraternidad, una sensación de unión. La otra persona está automáticamente incluida en la declaración/pregunta, porque su experiencia del amor también consistirá en "altas y bajas".

Creer que el amor está fuera de nuestras manos

Es increíble darse cuenta de que todos vivimos bajo la impresión de que el amor es un fenómeno fluctuante, y que estamos indefensos ante él. Todos nos hipnotizamos pensando, diciendo y creyendo que el amor es poco fiable e inestable. Por medio de esta hipnosis creamos inconscientemente situaciones infelices para nosotros mismos. Experimentamos el amor como una fuerza accidental y nos creemos incapaces de hacer algo conscientemente para mantenerlo vivo. Estas creencias reflejan lo poco que sabemos acerca del amor, porque el amor verdadero es muy distinto de la experiencia que tenemos de él.

¿Qué es el amor?

El amor es una alegría desbordante. Amor es cuando has visto quién eres; entonces no queda nada excepto compartir tu ser con otros. Amor es cuando has visto que no estás separado de la existencia. Amor es cuando has sentido una unión orgánica y orgásmica con todo lo que hay. El amor no es una relación, es un *estado del ser*; no tiene nada que ver con cualquier otra persona. Uno no *está* enamorado, uno *es* amor. Y por supuesto cuando uno *es* amor, uno *está* enamorado, pero éste es un resultado, un derivado, no la fuente. La fuente es que *uno es amor*.

Osho, Enseñanzas transcritas,
The Guest Vol. 6

Recuerda, el amor nació contigo; es una cualidad intrínseca. Todo lo que se necesita es encausarlo, abrir un pasaje para él, para que fluya, para permitirle ser. Todos estamos bloqueándolo, reteniéndolo. Somos tan avaros con el amor por la simple razón de que hemos aprendido algo de economía. Esa economía está bien en el mundo exterior: si tienes mucho dinero y te la pasas dándolo a la gente, pronto serás un mendigo, pronto tendrás que rogar por él. Dando dinero lo pierdes, esta aritmética ha entrado en nuestra sangre, nuestros huesos y nuestra médula. Es verdad, en el mundo exterior no hay nada malo en ello, pero no lo es así en el viaje interior. Ahí la aritmética funciona diferente: mientras más des, más tendrás; mientras menos des, menos tendrás. Si no das para nada, perderás tus cualidades naturales. Se volverán rancias, cerradas; se irán bajo tierra. Al no encontrar expresión se encogerán y morirán.

Osho, Enseñanzas transcritas, Come, Come, Yet Again Come Vol. 10

Mirar hacia adentro para encontrar el amor

Para empezar a cambiar tu perspectiva y tu *experiencia personal del amor* tienes que darte cuenta de que el amor *es*, el amor no es algo que aumenta o disminuye. Los maestros iluminados nos dicen que "el amor es un estado del ser, una unión orgánica y orgásmica con todo lo que hay". Todos los días estamos rodeados por el maravilloso milagro de la creación, una manifestación y expresión pura de amor. ¡El amor *es* todo a nuestro alrededor!

Guarda silencio mientras te sientas en algún lugar, cierra tus ojos, desciende dentro de tu corazón, y recuerda los momentos cuando realmente te sentiste "enamorado" (aun si fue brevemente). Mientras cambias tu atención del exterior al interior, relaja tu cuerpo, siempre encontrarás amor vibrando delicada y hermosamente dentro de tu corazón. El amor es un "estado", una cualidad intrínseca que reside dentro de ti, ¿Cómo puede entonces haber altas y bajas? Puede haber momentos en que no estemos en contacto con nuestro amor, pero esto no significa que el amor se haya terminado y nos haya abandonado.

La emoción aumenta y disminuye

Una vez que nos damos cuenta de que el amor es un suceso que siempre está presente en el núcleo de nuestro sistema, entonces la siguiente pregunta que debemos formular es ¿Cuándo es que realmente aumenta y disminuye el amor? ¿Qué está sucediendo cuando de repente sentimos que "nuestro amor ha decaído", que estamos desconectados de nosotros y de la otra persona? ¿Qué está sucediendo cuando de repente el mundo se voltea de cabeza y nos encontramos culpando a alguien, haciéndolo responsable de nuestra infelicidad? ¿Qué ocurre cuando la marea se agita e inesperadamente la corriente del amor entre tú y tu pareja se ve perturbada o interrumpida por horas o días?

¿Qué tan seguido te ha ocurrido que en una fracción de segundo, la persona que más amas en este mundo se convierte en la que menos te agrada? Descubrirás o tendrás una pista sobre qué es lo que aumenta y disminuye cuando empieces a examinar el momento exacto en que el amor hacia tu pareja ha "decaído".

El amor no es una emoción

En el momento de desconexión lo que estás experimentando es un *aumento* en tu nivel de emoción. Debes haber notado cómo, al agitarse la emoción, se oscurecen instantánea y totalmente todos los sentimientos y las vibraciones amorosas.

> El amor no debe ser una emoción. Comúnmente eso es lo que la gente piensa y experimenta, pero cualquier

cosa abrumadora es inestable. Viene como el viento y luego se va dejándote atrás, vacío, hecho añicos, triste y dolido. Según aquellos que conocen al ser humano –su mente, su corazón y su ser–, el amor debe ser una expresión de nuestro ser, no una emoción. La emoción es muy frágil y cambiante. En un momento parece ser todo. En otro momento estás simplemente vacío. Así que lo primero que debemos hacer es sacar al amor de esta multitud de emociones abrumadoras. El amor no es abrumador. Al contrario, el amor es una gran revelación, claridad, sensibilidad, conocimiento. Pero esa clase de amor raramente existe, porque muy poca gente alcanza su ser.

Osho, Enseñanzas transcritas, Om Shanti, Shanti, Shanti, 17

CAPÍTULO 2

LAS EMOCIONES SON DISTINTAS A LOS SENTIMIENTOS

QUIZÁ LA IDEA de que la emoción es la culpable de nuestras altas y bajas sea confusa porque, en nuestra experiencia, algunas emociones nos hacen sentir maravillosamente bien. Así como el amor es arrastrado dentro de nuestra emoción, nuestros buenos sentimientos también se mezclan con nuestras emociones, lo que crea gran sufrimiento y confusión. Mientras hablamos usamos las palabras "emoción" y "sentimiento". Pero las emociones no son lo mismo que los sentimientos. Cuando explores tu mundo interior observarás que las emociones y los sentimientos son absolutamente diferentes. En realidad son dos experiencias diametralmente opuestas. La experiencia de un sentimiento es un mundo aparte de la experiencia de una emoción.

La emoción es del pasado y el sentimiento es del presente

La diferencia esencial entre emoción y sentimiento es que las emociones tienen sus raíces en el *pasado*, y los sentimientos en el momento *presente*. Las emociones representan los sentimientos que no fueron expresados en el pasado, y se acumulan con el tiempo.

Durante nuestros seminarios (Making Love) de una semana introducimos el tema de la emoción hasta el cuarto día. Les explicamos a las parejas que no podemos hablar de las emociones antes, aun cuando sabemos que las emociones son las responsables de la mayoría de los problemas en las relaciones. La razón de la tardanza en dar el material sobre las emociones es porque en los primeros días nos dedicamos a enseñar a las parejas cómo entonarse con la fuente de amor que reside en ellos, para así poder estar presentes y experimentar el amor como una irradiación de su ser. Con una experiencia completamente nueva del amor, ellos son capaces de ver la emoción como la fuerza destructiva que realmente es. Así serán capaces de ver cómo sus emociones han sido las causantes de gran parte de su pena e infelicidad en el pasado.

Indicadores de emoción

Les preguntamos a nuestros participantes "¿Cómo se siente una experiencia emocional?" "¿Qué experimentamos en nosotros, en nuestro cuerpo, cuando estamos inmersos en una emoción?" Las respuestas que recibimos son similares en todos los seminarios.

A continuación presentamos una lista que describe lo que se experimenta cuando aumenta súbitamente el nivel de emoción y el amor se evapora. La emoción es reconocible fácil e inmediatamente por:

1. Una sensación de separación o desconexión con la otra persona, como si una barrera cayera entre ustedes. Se sienten paralizados.
2. Es difícil mirar a la otra persona a los ojos, evitas el contacto visual o el otro parece distante.
3. Culpas a la otra persona por la situación o por tu infelicidad.
4. Usas las palabras "Tú *nunca*... haces esto y lo otro" o "Tú *siempre*... haces esto y lo otro", hablas de la otra persona, no sobre ti.
5. Te apartas y te cierras.
6. Tu cuerpo se siente contraído, paralizado, entumecido, a veces con dolores.
7. Tu visión se vuelve estrecha y borrosa.
8. Te sientes cansado, con poca energía, deseas dormir.
9. Te proteges y actúas a la defensiva.
10. Te sientes abandonado y rechazado.
11. Te sientes solo e incompleto.
12. Te comportas obstinadamente, sientes que "tienes la razón" y no te rindes hasta que la otra persona admita que la tienes.
13. Te sientes incomprendido o despreciado.
14. Te gusta debatir, discutir, pelear y retar al otro.
15. Tu mente está muy activa, llena de pensamientos negativos y dudas.

16. Los temas tienen patrones repetitivos, el mismo tema una y otra vez.
17. Te sientes indefenso y víctima de la situación.
18. Tu visión de la vida es desesperanzadora, depresiva.
19. Te pones tenso y espinoso (como un erizo) la otra persona no puede decir o hacer nada correctamente.
20. La sensación de separación/desconexión continúa por varios días antes de regresar a la armonía.
21. Tratas de cambiar a la otra persona.
22. Buscas venganza diciendo o haciendo cosas no amorosas.
23. Reaccionas mediante el ego, el orgullo.
24. Patrones inconscientes-no sabes por qué reaccionas de tal manera.
25. Tu reacción está relacionada con un incidente/ experiencia del pasado.

Podemos llamar a las experiencias incómodas nombradas anteriormente “los síntomas de la emoción”. La mayoría de las veces sentirás varios síntomas simultáneamente e incluso podrás ir observando otros nuevos para agregar a la lista. A partir de ahora, cuando uno de estos síntomas se presente en ti, podrás reconocer que es *una emoción*. Que algo del pasado ha aparecido aquí y ahora para hacerse cargo del *show*. En cierta manera, nuestras emociones nos toman temporalmente como rehenes. Es de gran ayuda recordarte constantemente que cuando la situación se vuelve emocional, ésta tiene poco que ver con el presente. Por supuesto que en el presente es cuando la emoción está saliendo a la superficie, pero te encuentras desconectado de él. Tu percepción ha cambiado dramáticamente a causa del pasado acumulado e irresoluto que todos cargamos con nosotros, en menor o mayor grado.

Facilidad para reconocer la emoción del otro

Quizá al leer los síntomas emocionales listados anteriormente has comenzado a reconocer parte de ti mismo. Cuando preguntamos a los participantes si se reconocen en la lista surge un vocerío en el salón –¡Sí, absolutamente!– O quizá digas, "¡Yo veo a mi pareja!", como una persona comentó durante un seminario provocando la risa de todos los presentes.

Toma nota: ¡Es más fácil ver la emoción de otra persona que la propia! La verdad es que cada quién conoce íntimamente su lado emocional y también percibimos las emociones de los demás. Sólo que no comprendemos cómo nuestras emociones pueden crear las sombras que oscurecen y hacen infelices nuestras vidas. No tenemos un indicio de cómo lidiar con este "aspecto sombrío" de nosotros. La comprensión de la emoción y de su raíz en el pasado, es la pieza perdida que nos falta para llegar a conocernos. Cuando empezamos a reconocer el lado "emocional" del ser humano, abrimos una nueva puerta y hacemos que el potencial se eleve más allá del vórtice de las emociones que tan fácilmente oscurecen y dañan nuestro amor.

La experiencia de los sentimientos

La experiencia de un sentimiento y la experiencia de una emoción son como el día y la noche. Cuando los sentimientos son expresados en el momento en que surgen: *el presente*, la experiencia interna es muy distinta. Preguntamos a las parejas ¿Cómo se sienten al hablar con el corazón, expresando sus sentimientos más profundos? Es muy interesante ver cómo la información recibida sobre los sentimientos contradice la lista anterior de indicadores emocionales. Las palabras para describir la experiencia de un sentimiento son casi lo opuesto de las palabras para describir la experiencia de una emoción. Definitivamente las dos experiencias son diferentes. Si preguntamos:

–Cuando realmente expresas lo que sientes y compartes tus más profundos sentimientos, ¿te sientes separado de tu compañero?

–No, por supuesto que no, nos sentimos maravillosamente conectados.

–¿Puedes ver a tu pareja a los ojos?

–¡Sí! fácilmente.

–¿Te sientes contraído o colapsado?

–No, expandido y vivo.

–¿Te sientes cerrado y a la defensiva?

–No, abierto, suave y vulnerable.

Así continuamos con la lista de emociones, buscando las palabras correspondientes para describir los sentimientos *cuando son expresados en el presente.* Las respuestas de nuestros participantes aparecen a continuación, cada emoción que aparece en la lista de la sección anterior, ahora está acompañada del sentimiento opuesto experimentado.

Lista de emociones contra sentimientos

Cuando has expresado tus sentimientos más profundos:

1. En vez de separación y desconexión con la otra persona, te sientes conectado y más unido.
2. Antes era difícil ver a la persona a los ojos, ahora el contacto visual es fácil.
3. En lugar de culpar a la otra persona, estás reconociéndote a ti mismo y expresando tus sentimientos más profundos.
4. No dices "Tú nunca…", "Tú siempre…" y hablas sobre el otro, sino más bien dices "Yo siento…" y hablas sobre ti mismo.
5. No estás retraído y cerrado, estás abierto y disponible.
6. En lugar de tener el cuerpo colapsado, contraído y paralizado, tu cuerpo se relaja, se expande, está vivo.
7. Tu visión no es estrecha, negativa y nublada, sino amplia y positiva.
8. En lugar de estar cansado, estás fresco interiormente.
9. En lugar de protegerte y estar a la defensiva, te vuelves vulnerable, abierto, inocente.
10. No te sientes abandonado y rechazado, sino que te sientes bienvenido, aceptado.
11. No te sientes solo, te sientes completo, uno-solo (unido).
12. No te sientes obstinado, te sientes comprensivo.
13. No te sientes incomprendido, te sientes comprendido.

14. En lugar de querer pelear y discutir, quieres intercambiar y compartir.
15. En lugar de estar desorientado y lleno de dudas, estás en tu cuerpo, guiado por el corazón y lleno de confianza.
16. En lugar de volverse repetitivas, las cosas se vuelven espontáneas, cambian.
17. En lugar de sentirte víctima e indefenso, te sientes poderoso.
18. En lugar de sentirte desesperanzado, te sientes lleno de confianza.
19. En lugar de estar tenso, te relajas.
20. El sentimiento no dura días, sino que te mueves rápidamente.
21. En lugar de querer cambiar a la otra persona, sientes aceptación hacia el otro.
22. En lugar de buscar venganza, te sientes amoroso.
23. En lugar de reaccionar con el ego y el orgullo, reaccionas con el corazón y el amor.
24. En lugar de actuar inconscientemente, actúas conscientemente.
25. No te refieres al pasado, te refieres a un suceso presente.

Los sentimientos hablan sobre uno mismo, no sobre el otro

Esencialmente, al expresar sentimientos uno habla sobre sí mismo, no sobre la otra persona. Cualquier enunciado iniciará con "Yo siento..." no con "Siento que tú...", que sería una manera indirecta de culpar a la otra persona y una señal de que se están infiltrando las emociones y de que no estamos responsabilizándonos de ellas.

La resolución más común en los estancamientos de las peleas domésticas es que uno de los cónyuges finalmente expresa sus sentimientos subyacentes, su vulnerabilidad, inseguridad y dolor. Todos hemos tenido la experiencia de la unión y re conexión que se crea en cuanto uno se rinde, cuando el ego se derrite del corazón y las lágrimas comienzan a fluir.

El regreso a la inocencia, conectarse con el sentimiento verdadero, tiene un efecto alquímico en la situación, automáticamente, la otra persona deja sus armas y abre su corazón y sus brazos nuevamente. Tan pronto como el ego es puesto a un lado, después de haber oscurecido temporalmente el corazón, el amor resurge nuevamente. El amor no desaparece en estos momentos de emoción como todos comúnmente experimentamos, se encuentra detrás del ego, esperando pacientemente, radiante y siempre presente.

Sentimientos contactados a través del corazón y el cuerpo

Relaja tu cuerpo y tu corazón, experiméntate a ti mismo, "siente" tu interior para descubrir las sutiles sensaciones internas. Encuentra palabras para expresar lo sutil. Evita palabras generales como "me siento bien", intenta ser más preciso, la palabra "bien" puede significar tibio, inspirado, feliz, excitado, aliviado o toda una gama de experiencias. Cuando generalizamos acerca de cómo nos sentimos, palabras como "bien" y "bonito" *evitan que la otra persona se conecte fácilmente* con lo que estamos experimentando dentro de nosotros. Desciende en tu corazón y tu cuerpo para descubrir tus verdaderos sentimientos. Expresa y comparte tus sentimientos mientras surgen y conforme van cambiando.

En el libro llamado *Nonviolent Communication, a Language of Life* (pp. 44-45), que recomiendo ampliamente, Marshall Rosenberg ha compilado una lista de la A a la Z con palabras para ayudarte a articular tus sentimientos más clara y ampliamente. Por ejemplo, en lugar de decir que te sientes "bien" puedes expandirte y decir que te sientes absorto, emprendedor, afectivo, alerta, vivo, sorprendido, divertido, animado, apreciativo, ardiente, despierto, asombrado, satisfecho, agradecido, sensitivo, sereno, espléndido, confiado, suave, seguro, excitado, conmovido, tranquilo, estimulado...

Osho sugiere que hagamos prácticas para alentar sentimientos puros como la amistad, la compasión, la alegría y el agradecimiento. Cada uno de estos sentimientos tiene su opuesto. Lo opuesto de la amistad es el odio y la enemistad. Lo opuesto de la compasión es la crueldad, la violencia y la falta de tacto. Lo opuesto de la alegría, es la tristeza, la miseria, la angustia y la preocupación. Lo opuesto de la gratitud es la ingratitud. Alguien cuyas emociones se encuentran en los cuatro aspectos opuestos está en un estado impuro de emoción. Y alguien cuyas raíces se encuentran en los primeros cuatro aspectos está enraizado en un estado puro de los sentimientos. Cuando practicamos conscientemente el ser amigables, animosos, agradecidos y compasivos comenzamos a entonar nuestro ser con las vibraciones más altas del amor.

En la mayor parte de nuestra vida, los sentimientos puros se han trasladado a su lado negativo. Al fomentar tus sentimientos positivos puedes cambiar la calidad de tu día. Sé agradecido con todo lo que la vida ha derramado en ti. Por todos los pequeños regalos que te da cada día. Compararte con otros, es un ejercicio fútil. Comienza a ver tu vaso medio lleno en lugar de medio vacío. Cuando sentimos gratitud, nos sentimos llenos, positivos y afirmados, no vacíos, engañados y miserables.

Osho, Enseñanzas transcritas,
The Path of Meditation

El amor está siempre presente en el cuerpo

El amor está asociado con sensaciones físicas que normalmente no identificamos como tal. Cuando somos conscientes de nuestro cuerpo y nos entonamos a un nivel celular, cualquier parte que sintamos vibrante, viva, tibia, estremecida, será una parte donde el amor se encuentre vivo y bien. Puedes sentir el amor vibrando en las células de tu interior. Tal vez brillo, expansión, amplitud, gratitud, un total "sí" hacia la vida, una gran sensación de bienestar. El amor es un "estado del ser" que se encuentra profundamente enraizado en el cuerpo, surgiendo del corazón e irradiando al exterior. Enamorado, la otra persona realza o refleja tu propia belleza interior. Para mantener una conexión con tu belleza vital interna, relájate una y otra vez dentro de tu cuerpo. Al abrazar las sensaciones internas de amor en tu conciencia física las realzas y animas.

Miedo al amor

Muchos de nosotros tenemos "miedo" de abrirnos al amor a causa de las huellas, que experiencias anteriores dejaron en nosotros. Hemos sido lastimados mediante el amor, nuestro amor ha sido rechazado; toda clase de "agonía" ha sucedido en nombre del amor. Reaccionamos mediante nuestro instinto de preservación, con miedo, evitamos acercarnos mucho a la gente, mostrar nuestra vulnerabilidad y dejar que la intimidad crezca entre nosotros. El miedo tiende a dominarnos y nos volvemos poco aventureros en el amor.

En una pregunta dirigida a Osho: "Dices que el miedo es lo opuesto del amor. ¿Tienes alguna sugerencia práctica de cómo abandonar el miedo?"

Responde:

> El amor es existencial; el miedo, sólo la ausencia del amor. Y el problema con cualquier ausencia es que no puedes hacer nada directamente. El miedo es como la oscuridad. ¿Qué puedes hacer directamente con la oscuridad? No puedes dejarla, tirarla, ni invitarla. No hay manera de relacionarse con la oscuridad sin la luz. El camino hacia la oscuridad es vía la luz. Si quieres oscuridad apaga la luz; si no, préndela, pero tendrás que hacer algo con ésta, no con la oscuridad.
>
> Lo mismo es verdad con respecto al amor y al miedo: el amor es luz; el miedo, oscuridad. La persona que se obsesiona con el miedo nunca será capaz de resolver el problema. Es como luchar contra la oscuridad, tarde o temprano vas a acabar exhausto y además vencido. El milagro es que ¡has sido vencido por algo que no está

ahí en primer lugar! Y cuando uno se siente vencido, ciertamente cree que la oscuridad es poderosa, que el miedo es poderoso, que la ignorancia es poderosa, tan poderoso es el subconsciente. Y no son poderosos en absoluto, no existen en primer lugar. Nunca pelees con lo inexistente. Ahí es donde todas las religiones antiguas se perdieron. Una vez que empiezas a pelear contra lo inexistente ya estás condenado. El pequeño río de tu conciencia se perderá en el desierto de lo inexistente, y éste es infinito.

Osho, Enseñanzas transcritas, Come, Come, Yet again Come, 10

El miedo es lo opuesto del amor. Recuerda, el odio no es lo opuesto del amor como la gente cree; el odio es el amor parado de cabeza, no lo opuesto al amor. Lo verdaderamente opuesto al amor es el miedo. En el amor uno se expande, en el miedo uno se encoge. En el miedo uno se cierra, en el amor uno se abre. En el miedo uno duda, en el amor uno confía. En el miedo uno está solo, en el amor uno desaparece; por lo tanto, no hay que cuestionarse la soledad en absoluto. Cuando uno no es, ¿cómo puede uno sentirse solo?

Osho, Enseñanzas transcritas, The Guest, 6

El miedo es lo opuesto al amor

Podemos decir que en general, las "emociones" se resguardan bajo la sombrilla del "miedo", mientras que los "sentimientos" están bajo la sombrilla del amor. Si te observas a ti mismo cuando estás en la emoción, generalmente puedes describir tu estado como un estado de miedo y duda, nos encogemos y contraemos. Y el estado de miedo representa la ausencia del amor. Cuando estamos en el "amor", cuando todas nuestras necesidades son atendidas, nos sentimos expandidos, abiertos, confiados. Por favor ve el capítulo 9, escenario 4 para que confirmes y verifiques que una persona emocional (en miedo) está profundamente falta de amor y anhelándolo.

¡Empieza a amar!

> La primer cosa que tienes que recordar es: no hacer del miedo un problema. El amor es la cuestión. Algo se puede hacer con respecto al amor inmediatamente; no hay necesidad de esperar o posponer. ¡Empieza a amar! Es un regalo natural de Dios para ti, o del todo, cualquier término que prefieras. Si has sido criado de una manera religiosa, entonces Dios; si no has sido criado de una manera religiosa, entonces el Todo, el Universo, la existencia.
>
> *Osho, Enseñanzas transcritas, Come, Come, yet Again Come, 10*

CAPÍTULO 3

LA EMOCIÓN ES TÓXICA

Reconocimiento de los detonadores

Quizá hayas percibido que cuando una persona está en un estado emocional es muy notorio. Pierden su luz y brillo internos, se vuelven opacos, retraídos o tempestuosos. Cuando hay un cambio en la realidad, distorsionada emocionalmente, éste se lleva a cabo rápidamente, como si un interruptor fuera activado. En un instante nuestro pasado se agita y comienza a resonar dentro de nosotros. En una conversación casual, varios de nosotros utilizamos las palabras "Él o ella presionó mis botones". Esta frase significa que las palabras o acciones de otra persona causaron un disturbio en ti y provocaron una reacción incómoda. El hecho interesante es que nosotros parecemos saber que nuestros "botones" existen. También parecemos saber que están activos, vivos y sensibles a ciertos tipos de presión. Así que ¿Qué es lo que realmente se mueve dentro de nosotros cuando estamos emocionados? ¿Qué es exactamente esta fuerza oscura que sale a través del cuerpo y nos envuelve? ¿Qué es lo que nos hace sentir tan mal y tan infelices? ¿Qué reside en la raíz de la emoción? Sabemos los síntomas, pero ¿Cuál es la causa?

Como se mencionó brevemente en el capítulo anterior, nuestra emoción representa todos los sentimientos inexpresados que se almacenan en nosotros. Las emociones son el resultado de *no* expresar los sentimientos en el pasado cuando el sentimiento estaba ocurriendo. No decir *lo* que sentías *cuando* lo sentías. La emoción es el resultado de reprimir los sentimientos, de callarlos, embotellándolos dentro de nosotros. Nuestros sentimientos irresueltos empiezan a resonar cuando hay una provocación conveniente en el exterior. Tan pronto como se presiona el botón, los sentimientos no vividos se activan dentro de nosotros nuevamente. Somos como una grabadora con un botón de reproducir.

Las emociones son tóxicas

Otro indicador de emoción es cuando la reacción que una persona experimenta es abrumadora, usualmente *desproporcionada con respecto a la provocación*. Una pequeña provocación puede ocasionar un gran estallido de emoción. Esto indica que los sentimientos inexpresados que estamos guardando se encuentran bajo presión, y las emociones encuentran maneras para ventilarse y así deshacerse de la tensión. Los sentimientos que no son expresados se agrian en nuestro sistema, por eso, cuando estamos "emocionales" nos gusta tomar venganza y lastimar a la otra persona continuamente. Cuando no expresamos nuestros sentimientos en el presente, la tensión se queda en el interior supurando como una herida que con el tiempo se vuelve venenosa y hace sufrir a alguien más.

La emoción, es decir: nuestras toxinas de sentimientos inexpresados están destinadas a ser descargadas o salir tarde o temprano. Lo más triste es que en la persona más cercana a nosotros es en la que regularmente depositamos nuestro veneno. La persona que más amamos en nuestra vida. Las toxinas que son parte de la emoción pueden gradualmente, con el tiempo, destruir el amor. Los continuos ataques de emoción en una relación pueden ser vistos como el lento proceso de erosión de la tierra. Cuando hay una corriente de agua bajando la colina, algo de tierra se va retirando. Cada corriente va consumiendo un poco más de la colina. Antes de que te des cuenta, la tierra se encuentra llena de hondos valles y barrancos imposibles de puentear. De igual manera, cada vez que peleamos, la emoción consume parte de nuestro preciado amor, la siguiente vez un poco más. Eventualmente miramos a la persona de la que supuestamente nos "enamoramos" y empezamos a preguntarnos "¿Qué le sucedió a nuestro amor?"

Varias parejas nos han dicho que se separaron de su pareja anterior porque habían *peleado muchas veces.* Finalmente, no lograban encontrar el camino de regreso al amor, como lo habían hecho en el pasado, y el resultado había sido el fin de la relación. El peligro de los ataques emocionales frecuentes en una relación es que las emociones, con el tiempo, pueden extinguir, y extinguirán, todos los sentimientos amorosos. El amor es como una frágil y delicada flor que no puede resistir por mucho tiempo la toxicidad de las peleas y las discusiones emocionales. El amor se revela en una atmósfera de tranquilidad y satisfacción y no en una zona arbitraria de guerra.

Escapes inconscientes de emoción

Inconscientemente, hay escapes de emoción cuando regañamos, nos quejamos de todo tipo de cosas, discutimos sobre detalles sin sentido, cuando hacemos un hábito contradecir a nuestra pareja, estamos a la defensiva, frágiles e irritables. Cuando estamos emocionales es difícil para nuestra pareja hacer lo correcto según nuestro punto de vista, todo lo que hace o dice está mal. Si no encontramos faltas en nuestra pareja nos volvemos impacientes con la cajera en el supermercado y arruinamos su día. ¡Estamos siendo emocionales! Si te enojas en el carro, te exasperas con los niños, estás siendo emocional. Si te enojas en el banco con el cajero automático, estas siendo emocional.

Si te sientes de esta manera muy a menudo, es bueno que reconozcas que eres emocional y que es el momento de hacer algo al respecto. Deja de repartir infelicidad en tu camino por la vida. Si das infelicidad, recibirás infelicidad a cambio. Si das y repartes amor a tu alrededor, a donde quiera que vayas lo recibirás a cambio y en abundancia.

Emociones de baja densidad

Algunos hombres y mujeres han venido a nosotros en nuestros seminarios y nos han dicho que ellos no experimentan el cambio que describimos de conexión a separación, de expansión a contracción, del sentimiento a la emoción. De hecho nos dicen que la manera más exacta de describir su experiencia diaria es como una *desconexión sutil todo el tiempo.* No muy desconectados, pero existe una sensación de separación y soledad a un nivel bajo. Te sientes melancólico, en un estado apacible de depresión.

Esta experiencia continua de separación sutil puede ser descrita como una emoción de baja densidad. Cuando la emoción es de baja densidad es similar a una fiebre insignificante, que no es aguda y no produce temperatura de verdad, pero afecta la salud de nuestro sistema de todas maneras. Cuando reconozcas que te encuentras en un estado de baja densidad emocional, cuando la mente y toda tu visión de la vida esté influenciada negativamente, te sugerimos que comiences a mover tu cuerpo de manera regular como se explica en los pasos del capítulo 7, para realmente lidiar con la emoción cuando estás en ella. Estas "reglas de oro" se aplican a ambos tipos de emoción: de alto-grado (aguda) y bajo-grado (crónica) y nos dan claves constructivas para disolver el trasfondo de la infelicidad y el descontento que se infiltra en nuestras vidas. La emoción de baja densidad también se manifiesta cuando constantemente nos retraemos a cavilar en silencio sobre cómo las otras personas están mal en todo lo que hacen o dicen. Te encuentras a ti mismo culpándolos, resintiéndote con ellos internamente y creando una separación.

En momentos de emoción se recomienda que tomes un vaso de agua pura, ya que el agua te ayuda a diluir las toxinas que se presentan en el organismo. Después de un trago puede haber un cambio notable dentro de uno, como si se hubiera bajado la intensidad de lo que estabas experimentando. Naturalmente, el agua no resolverá todo el problema por sí sola, pero représenta un paso en la dirección correcta. Tomar un baño cuando estás emocional, o después de un ataque de emoción te ayuda a deshacerte de la negatividad tóxica y te deja un sentimiento de frescura y más presencia.

Experiencia personal de un hombre

Reconozco mucho de la emoción y el sentimiento en sus enseñanzas. No es fácil llevarlas a cabo en todo momento, la mayoría de las veces me doy cuenta después, pero es mejor que permanecer en la emoción y no encontrar la salida. Esto es lo que me sucedió: Mi esposa y yo estuvimos en su taller. Mientras hacíamos el amor expresábamos nuestros sentimientos. Después ella dijo una frase, era algo que había dicho varias veces antes... Me sentí desesperanzado; ahora estamos aquí para tomar un nuevo camino y algo como esto sucede... Sentí autocompasión, me sentí como una víctima y había una gran distancia entre nosotros. Después de un rato buscando una razón, de repente me di cuenta de la situación: ¡Estoy atrapado en mis emociones!

Al momento siguiente me di cuenta de que la comprensión y explicación no iban a servirme de nada ahí y en ese momento. En cambio me mantuve enfocado en mi cuerpo y en mi respiración. En el pasado, me hubiera confundido cada vez más y más. Sin embargo ahora notaba lo que ocurría en mi interior, sentí cómo el cielo se iba aclarando y el sol volvía a salir. Podía ver a mi esposa a los ojos y sentir mi amor hacia ella nuevamente. Estamos comenzando a diferenciar entre la emoción y el sentimiento en nuestra vida diaria, a veces es difícil y a veces fácil, pero definitivamente vamos en camino.

CAPÍTULO 4

SER CONSCIENTES DE LA EMOCIÓN

Compromiso individual

SI TU DESEO ES CRECER como individuo en amor y conciencia y atraer más amor y dicha, es absolutamente necesario desarrollar tu conocimiento de las emociones. Empieza a darte cuenta de tu emocionalidad, cómo el nivel de tus emociones se eleva o decae a través de los días y semanas. Liberarse de la emoción es empezar a despojarse de las capas de infelicidad, rudeza y negatividad que sofocan nuestra fuerza vital y evitan que sintamos la dicha innata de nuestra belleza y amor.

Transformar la emoción no depende de otra persona, es algo que cada individuo puede y debe hacer por sí mismo. Naturalmente, otras personas estarán involucradas en el proceso, pero son incidentales, porque el compromiso es personal e individual. Hacernos responsables de nuestras emociones es el camino para invitar todos los días de nuestra vida al amor y a la luz.

La conciencia como herramienta para la transformación

Cualquier indagación personal requiere de la conciencia del observador o testigo, de la habilidad de observar el espectáculo desde afuera, siendo el personaje principal al mismo tiempo. La conciencia es básica para una autotransformación, podemos desarrollar la conciencia en tres niveles diferentes: el cuerpo, la mente y la emoción. De los tres niveles, la emoción es el nivel más sutil y más difícil de detectar.

Conciencia a nivel físico

Desarrollar conciencia a nivel físico es relativamente fácil, podemos sentirlo en nuestro interior como un mundo en sí, la fuente inagotable de una sensación delicadamente encantadora. Desde el exterior podemos tocar y pellizcar nuestro cuerpo para amplificar nuestra conciencia de él. Podemos estar conscientes de nuestros pies mientras caminamos, por ejemplo: sentir un contacto intenso con la tierra, la presión placentera y los cambios de peso en cada paso. El cuerpo es un puente natural hacia el momento presente donde la vida está sucediendo aquí y ahora. Estar consciente de tu cuerpo aumenta el amor y el respeto hacia él como un verdadero templo de amor, alegría y dicha.

El amor se siente literalmente en el cuerpo, como mencionamos en el capítulo 2, así que recuerda sentir el amor que *eres*. Usa el amor como un puente para el ahora, empieza a verlo como un mejor amigo que existe por siempre en el ahora. El enfocarnos en nuestro cuerpo físico nos ayuda a deshacernos de los regaños negativos de la mente que se encuentran enredados en el pasado o el futuro. *El cuerpo es una experiencia continua del aquí y el ahora, y retener la conciencia en el cuerpo nos mantiene enraizados en el ahora. El cuerpo sólo existe en el ahora, no en el futuro. El cuerpo sólo conoce el hoy, no el mañana.*

Usar el cuerpo como un puente hacia el presente requiere una orientación interna básica de las enseñanzas del Tantra. Personalmente lo expresamos como un cambio: de vivir extrovertidos (como estamos condicionados), en el "arriba y afuera", a vivir "adentro y abajo", en nuestros cuerpos, más "introvertidos", conectados con nuestro interior, el ser, la fuente interna de amor.

Conciencia a nivel mental

Desarrollar la conciencia de la mente y su interminable parloteo no es tan fácil de lograr como enfocarnos en el cuerpo. La mayoría de la gente tiene el hábito inconsciente de dejarse llevar por el pensamiento, soñar despierto acerca del futuro, o quedarse atrás en recuerdos pasados. Podemos estar tan envueltos en nuestras reminiscencias, que pueden pasar grandes periodos de tiempo sin darnos cuenta de que estamos ausentes del presente, perdidos en el pensamiento.

La mente evita que estemos totalmente presentes en nuestro cuerpo y nuestra realidad. Nos desconectamos una y otra vez del "ahora", y nos referimos poco o nada a nuestro cuerpo o a la conciencia de nosotros en estos momentos. Mientras nuestra mente se encuentra absorta por nuestro pensar obsesivo, fácilmente llegamos a olvidar que tenemos un cuerpo físico. Reconocer que estás perdido en el pensamiento es un proceso más evasivo que el de estar consciente del cuerpo. Tendemos a identificarnos más con la mente y el pensamiento, el pasado y el futuro, que con el presente y nuestras sensaciones corpóreas. Tendemos a tratar a nuestro cuerpo como una máquina y lo usamos de manera mecánica, descuidada, e inconsciente, lo que nos ha vuelto menos sensibles, y ha contribuido a que pongamos más énfasis en la mente y retiremos al cuerpo de nuestra conciencia general.

Conciencia a nivel emocional

Como mencionamos anteriormente, de los tres niveles, la emoción es la capa más sutil y difícil de ser localizada con la conciencia. La dificultad radica en nuestra identificación con el lado emocional. Cuando *estamos* en la emoción creemos que *somos* la emoción: *¡Es totalmente yo!* La emoción es una experiencia tan desgastante y abrumadora que creemos que es una parte intrínseca de nuestra expresión, realmente *es* lo que somos.

La cercanía con la experiencia emocional y nuestra identificación con su intensidad se deben a que, al ser activada la emoción, ésta se siente fuertemente en el plano físico. La emoción, que es una toxina (como se mencionó en el capítulo 3), corre a través del cuerpo como una sustancia, usando nuestro cuerpo temporalmente como conducto, dándonos la impresión de que la emoción *es* lo que somos. Algunas personas se sienten muy orgullosas al afirmar que son muy emocionales, ya que perciben la "emoción" como una cualidad positiva. Ven sus vociferaciones y desvaríos como una expresión autentica de sí mismos, aunque en realidad estén deshaciéndose de viejos sentimientos guardados que no se asocian con el presente.

La emoción se siente en nuestros tejidos

A nivel físico, cuando la emoción se activa, puede sentirse como si una sustancia subiera en espiral a través de las numerosas capas de tejido conectivo (la cubierta) del cuerpo. Nuestros tejidos tienen la notable función de unir al cuerpo para formar un todo integrado. Los circuitos de nuestros tejidos fluyen de pies a cabeza aproximadamente cinco veces, conectando y uniendo las capas más profundas con las más superficiales.

Si estás alerta y observas tu cuerpo la próxima vez que te pongas emocional, verás lo que ocurre en tu interior. Los primeros segundos podrás detectar una sustancia densa moviéndose por tu cuerpo. La sensación se debe a la toxicidad emocional antes mencionada que entra en el sistema. Las toxinas y todo el veneno almacenado en los sentimientos reprimidos son los responsables del cambio dramático entre el cielo y el infierno.

Las emociones y el plexo solar

Sé consciente de tu plexo solar durante tu vida cotidiana. En particular, observa tu cuerpo cuando estás emocional, notarás dolor o tensión en el plexo solar. Para muchos el plexo solar y el estómago son fuentes continuas de malestar. El plexo solar está formado por una gran red de nervios y es un centro significativo de energía. Si presionas levemente con las yemas de tus dedos en el área entre tu ombligo y la punta del esternón (el área del diafragma) estarás tocando el área del plexo solar.

Nuestras emociones, nuestros sentimientos inexpresados pueden causar tensión en el plexo solar. Tal vez hayas notado un nudo en el plexo solar inmediatamente después de que alguien hace una observación que te llega, te provoca y desata tus emociones. Cuando preguntamos a las parejas durante nuestros seminarios si sienten algún malestar en el plexo solar o el área superior del estómago, una buena cantidad de los presentes levantan sus manos para confirmar que la mayoría siente una sensación continua de tensión acumulada ahí. A veces el aliento de una persona se puede volver pútrido durante el periodo en que se vuelve emocional, lo cual muestra que el área del estómago y el plexo solar son definitivamente afectadas por las emociones.

El plexo solar puede ser útil para monitorear tus emociones. Mantente atento a tu plexo solar durante tus actividades diarias y úsalo como un indicador para ver qué está sucediendo en tu vida. Algunas veces puede que no te sientas emocional, separado o así sucesivamente, pero puedes tener extrañas sensaciones en el plexo solar que te distraen de la realidad del aquí y el ahora. En estos casos es bueno revisar tus interacciones durante el día, y así poder identificar el momento preciso en que las sensaciones extrañas comenzaron. ¿En qué momento cambiaron las cosas? ¿Cuándo comenzaste a sentir malestar en el plexo solar? ¿Qué dijo o hizo alguien para alterar tus emociones?

El simple hecho de identificar el momento en que entró la molestia en tu sistema, puede ayudarte a disolver algo del malestar que provocó tal emoción. Determinar el momento en que el malestar se puso en movimiento es muy útil, porque así puedes *saber* qué provocación del exterior tuvo un impacto en ti. Si no aíslas el evento, existe la posibilidad de que sigas todo el día sintiéndote enfermo fácilmente y un poco negativo (emocional), sin darte cuenta realmente de lo que ocurre contigo. Cuando no logramos disolver conscientemente nuestras tensiones internas, es muy fácil que las saquemos indirectamente, de maneras sutiles o no, más adelante. Más tarde nos sentiremos súbitamente abrumados por la irritación, con los niños, el tráfico, en la fila, o nos encontraremos siendo cínicos o sarcásticos con nuestra pareja.

Tiempo para madurar

Al principio será todo un reto confrontar nuestro lado emocional, pero el resultado vale la pena. Pronto uno apreciará la ligereza de la vida, cómo uno cesa gradualmente de enredarse en problemas personales. Si te encuentras en situaciones emocionales, ahora tendrás más idea de lo que está pasando, la vida no es un desastre, una ola emocional del pasado que ha inundado el presente.

Hacernos responsables de nuestras emociones (de nuestro pasado), representa un gran paso hacia la madurez. Cuando estamos siendo emocionales básicamente nos estamos comportando como niños en cuerpos de adultos. Por supuesto es más fácil deslizarnos en la infelicidad y culpar a todos los demás por nuestros hábitos emocionales, que conscientemente trabajar para conseguir la felicidad nosotros mismos. Esto puede sonar contradictorio, pero es más fácil ser infeliz que ser feliz. Traer viejos patrones de comportamiento a la superficie y transformarlos demanda esfuerzo y compromiso. Crear amor y felicidad requiere el esfuerzo de concientizar, lo que al principio, puede ser un mayor reto que elegir la antigua opción de repetir un patrón emocional o un drama por enésima vez. Concientizar nos da la posibilidad de elevarnos más allá de nosotros mismos y establecer nuevas maneras de comunicación y expresión que no destruyan el amor.

CAPÍTULO 5

SEPARAR EL AMOR DE LA EMOCIÓN

La verdad acerca del amor no es accidental ni está fuera de nuestras manos, *el amor puede mantenerse vivo si lo separamos de la emoción.* Cuando nos esforzamos concientemente para reconocer nuestras emociones, y nos hacemos responsables de ellas, nos podemos elevar fácilmente por encima de su potencial destructor. Necesitamos desarrollar conciencia de cada momento que experimentemos un cambio real, cuando nos contraemos, nos cerramos y nos sentimos súbitamente desconectados. Usualmente las reacciones que experimentamos son causadas por algo que nuestra pareja u otra persona dice o hace. Para algunos de nosotros incluso el tono de la voz puede ser suficiente para hacer surgir viejas emociones de la niñez.

Las emociones son potencialmente peligrosas, no intrínsecamente

Las emociones son potencialmente peligrosas, pero no intrínsecamente. Cuando la emoción *se reconoce como lo que es*, no resulta peligrosa. La emoción que es elevada a la conciencia puede hacer crecer una sanación profunda, como será mencionado en los siguientes capítulos. La emoción que no es reconocida y opera inconscientemente puede causar un gran daño. En verdad, si observamos el mundo actual, podemos ver que lo que está ante nosotros es una gran celebración de la emoción. Guerra y pelea es lo que prevalece por todos lados. Todos somos emocionales con todos. Amantes, colegas, familia, amigos, naciones, religiones. Uno sólo tiene que ver las noticias o algunos programas de televisión para ver que nuestra realidad es un glorioso pastel saturado de emociones abrumadoras.

La gente se dice las cosas más horribles, salen violentamente de los lugares a la mitad de la conversación, azotan las puertas, se pegan y lastiman abusiva y descuidadamente unos a otros. Nuestras películas y programas reflejan la manera en que nos comportamos entre nosotros como seres humanos. Trágicamente, mientras vemos la televisión hasta tarde, recibimos la aprobación, más la enseñanza de que el comportamiento emocional es totalmente aceptable. Llegamos a creer que está bien que los seres humanos seamos absolutamente indiferentes con los demás. Es normal, esperado y aceptado que continuemos en guerra, miedo y abuso. Básicamente, lo que estamos aceptando, a lo que estamos diciendo que sí, sin darnos cuenta, es al hecho de que está perfectamente bien que los humanos pasemos nuestras vidas esparciendo inconscientemente nuestras toxinas internas y que lentamente vayamos envenenando el ambiente a nuestro alrededor.

El no saber que eres emocional está "mal"

Como hemos mencionado anteriormente, las emociones en sí no son malas. Todos llevamos heridas (y los sentimientos inexpresados conectados a ellas) que otras personas nos han infringido inconscientemente, usualmente parientes y gente cercana a nosotros. Y no tenemos la culpa de vivir en una sociedad donde no es aceptado expresar nuestros más profundos sentimientos, así que de vez en cuando *no puede estar mal* que seamos emocionales. Es triste estar llenos de sentimientos inexpresados, es una situación potencialmente explosiva, pero no está mal. ¿Cómo puede estar mal? La "maldad" de la situación radica en que no reconozcamos nuestra condición emocional como lo que es, por no ser conscientes de cómo funciona nuestro lado emocional; por no saber cómo las emociones dominan nuestra vida y muchas de nuestras relaciones. Necesitamos aceptar la realidad de que tenemos guardados muchos sentimientos inexpresados dentro de nosotros y que sepamos el rol negativo que pueden tener en nuestras vidas. Si no reconocemos lo que ocurre dentro de nosotros, derramaremos indirectamente nuestra tensión por medio de situaciones emocionales con los demás. Luego empezaremos a preguntarnos: ¿Por qué peleamos con tanta gente y todo el mundo parece estar en nuestra contra?

Proyección inconsciente de nuestro dolor interno

Cuando no reconocemos nuestras emociones, proyectamos inconscientemente nuestros dolores y problemas irresueltos en una persona o situación externa. A esto se le llama "proyección". La carga, el veneno de los sentimientos que se han agriado dentro de nosotros, es desplazada fuera y colocada en otra persona. Ellos están errados y nosotros no. No nos reflejamos en nosotros cuando estamos emocionales, nuestra acción inmediata es más bien la de culpar a otros de las cosas que dijimos e hicimos mal. Los hacemos responsables. Nos volvemos rencorosos y deliberadamente hirientes, decimos palabras poco amables y poco amorosas que diez minutos después lamentaremos de por vida haber dicho.

Enganches de la mente a la negatividad

El problema con las tóxicas palabras lastimeras, dichas durante un estado de emoción entre dos personas, es que para la mente es difícil olvidar las declaraciones emocionales, la mente se engancha de ellas y les da vueltas una y otra vez preguntándose: ¿Será cierto?, ¿Ella o él realmente cree eso? ¿Soy realmente eso o lo otro? La mente se engancha a la negatividad. Mientras la mente se olvida fácilmente de los momentos positivos, raramente lo hace de los negativos. Un paso de gran ayuda es evitar comentarios emocionales o cargados de emoción que sean secundarios. En cualquier asociación o trato con la gente debemos ser muy conscientes de lo que decimos y de cómo lo decimos. Escucha el tono de voz que estás usando, para asegurarte de que las palabras que dices no están cargadas emocionalmente. Puedes decir más con tu tono de voz, que con las palabras por sí solas.

Aprende a reconocer, a través de tu voz, cuando estás derramando emoción. Aprende a resistir la tentación de hacer deliberadamente comentarios lastimeros que contengan un aguijón. Estos actúan como dardos emocionales que pueden detonar las emociones de tu pareja. Evita hacer comentarios que de antemano sabes que están hechos para molestar o lastimar a alguien. La emoción siempre viene acompañada de una carga que puede ser detectada en tu voz y en tu cuerpo. La otra persona "cachará" las vibraciones que transmites y harán eco en sus sentimientos inexpresados, lo que estimula la emoción que revivirá.

No tomes personal la emoción de otros

Si tu pareja está emocional, puede ayudarte el recordar que sus emociones no tienen básicamente nada que ver contigo. Este reconocimiento no necesariamente facilitará el modo de lidiar con las emociones del otro, pero puede ayudarte a tomar cierta distancia de la situación, no estarás tan "identificado", tendrás más compresión y compasión.

Miguel Ruiz dice: "Nada de lo que los demás hacen es por ti. Lo hacen por ellos mismos. Todos vivimos en nuestro propio sueño, en nuestra propia mente; los demás están en un mundo completamente distinto de aquél en que vive cada uno de nosotros. Cuando nos tomamos personalmente lo que alguien nos dice, suponemos que sabe lo que hay en nuestro mundo e intentamos imponérselo por encima del suyo. Si alguien te da su opinión, no te lo tomes personal, porque la verdad es que se refiere a sus propios sentimientos, creencias y opiniones. Esa persona intentó enviarte su veneno, y si te lo tomas personal, lo recoges y se convierte en tuyo. Pero si no te lo tomas personal, serás inmune a todo veneno, aunque te encuentres en medio del infierno. Esa inmunidad es un don. Cuando te tomas las cosas personal, te sientes ofendido y reaccionas defendiendo tus creencias y creando conflictos. Haces una montaña de un grano de arena porque sientes la necesidad de tener razón y de que los demás estén equivocados. También te esfuerzas en demostrarles que tienes razón dando tus propias opiniones". (Ver *Los cuatro acuerdos*, pp. 48-50).

No les digas a otros que están emocionales

No le digas a tu pareja que está emocional. "No, no" es la regla de oro, que será repetida nuevamente. Acusar a alguien de estar emocional puede causar un estallido. Cuando notes que tu pareja está emocional, recuerda que pasará, y retírate por el momento lo más amorosamente posible de su película. Pon toda tu atención en tu cuerpo y esfuérzate todo lo posible en no ponerte emocional. Evita ser atraído al drama con ellos. Recuerda que todo lo que digan o hagan lo dice la emoción, no el corazón y el ser. Siente empatía en lugar de hostilidad, porque todos tenemos un lado emocional que aparece de vez en cuando.

Espectador de patrones emocionales

Cuando somos emocionales estamos temporalmente "fuera del amor", un poco fuera de lugar, pero no hay razón para dudar del amor. El amor siempre está presente cuando nuestro corazón está en el lugar correcto. Cuando estamos emocionales pero *no lo sabemos*, lamentablemente pueden venir consecuencias desafortunadas. Cuando estamos emocionales somos guiados por fuerzas inconscientes y nos volvemos inconscientes con los demás, lo que a la larga puede trabajar en contra de nuestros intereses. Mientras más logres ser el espectador, el testigo de tu experiencia y tomes distancia de tus patrones emocionales, serás más capaz de disfrutar de la vida y el amor en el presente. Tienes que construir tu conciencia. No hay una solución fácil, es un interminable estar consciente. Recuerda no hacerte mal, culparte o juzgarte por ser emocional. Mejor felicítate por haberte sorprendido en el acto y convierte la situación en forma positiva.

Sé positivo, es más fácil salir de una mente positiva que de una negativa y crítica. Descubres que la emoción es activa y te responsabilizas. Cuando ves a la emoción como lo que es, es como si dieras un paso atrás, tomas el control del poder del evento en tu ser. Experimentarás más fuerza vital cuando dejes al pasado atrás, en la distancia. Mientras más poder le puedas dar a tu cuerpo y a tu ser en el presente, menos oportunidad tendrán tus patrones emocionales inconscientes. No negarás tus emociones, tu parte inconsciente, pero transformarás la inconsciencia en conciencia usando el poder del reconocimiento.

ॐ

CAPÍTULO 6

FUENTES DE EMOCIÓN

CUANDO LLEGAMOS A SER ADULTOS ya hemos acumulado emoción de diferentes fuentes, lo que provoca que inconscientemente nos volvamos emocionales. Desde nuestra niñez en adelante hemos estado manejando y controlando nuestros sentimientos, de manera que eventualmente nos hemos condicionado a *no* expresar lo que realmente sentimos, en cambio empezamos a decir en cada situación lo que es correcto o educado.

Represión de los sentimientos en la niñez

Durante los primeros cinco años de formación no se nos alienta a expresar nuestros sentimientos verdaderos, a ser auténticos con nuestras realidades internas. En lugar de eso nuestros padres, escuelas y sociedad nos enseñan *lo* que debemos hacer y decir, *cuándo* decirlo ò hacerlo, y cuándo *no* decirlo o hacerlo. Básicamente somos educados en *cómo* comportarnos y conducirnos para causar la menor molestia, *cómo* ser lo más invisibles que podamos. Innumerables veces nos hemos obligados a pretender que *no* sentimos ciertas cosas, a reprimir nuestras lágrimas de alegría o tristeza, a tragarnos nuestros gritos de enojo o alegría. Terminamos dándole gusto a todos, perdemos coraje, espontaneidad y el arte de la autoexpresión.

Como niños requerimos del amor y aprecio de nuestros padres tanto como su alimentación y protección para sobrevivir. Para garantizarse el amor continuo, el niño termina volviéndose políticamente correcto, reprimiendo sus sentimientos verdaderos, sonriendo en los momentos correctos, diciendo por favor y gracias, complaciendo a todos para experimentar amor. Las heridas que se forman por no expresar nuestros sentimientos infantiles comúnmente se quedan en lo más profundo de nuestro corazón, por ejemplo, la pena que se sufre por falta de amor paternal (o amor paternal condicionado), el miedo causado por la tensión y la falta de amor entre los padres, el dolor por el rechazo de los padres o los sentimientos subjetivos de "abandono". Las heridas y cicatrices de estas experiencias por lo general son las más profundas y se guardan en lo más hondo del corazón de un individuo.

Con el tiempo, nuestros sentimientos inexpresados forman nuestro "cuerpo emocional" o "cuerpo de dolor" (ver Eckhart Tolle, *El Poder del Ahora*) que representa los dolores acumulados al no permitir que nuestros sentimientos verdaderos fluyeran a través de nuestro sistema y salieran. En cambio, vamos cargando el pasado con nosotros como si lleváramos un equipaje invisible, pero pesado, en nuestro viaje.

El condicionamiento infantil que reprime nuestros sentimientos verdaderos se vuelve un hábito, y continua en la edad adulta. Nos volvemos políticamente correctos al no decir lo que realmente sentimos, necesitamos y queremos. Lo común es que la mayoría diga: "¡Estoy bien!" superficialmente y haciendo lo correcto para otros, mientras por debajo llevan una carga de dolor inexpresado. Efectivamente, muchos de nosotros caminamos como si fuéramos una pequeña bomba de tiempo esperando el momento "exacto" en que un detonador nos haga explotar, lo cual puede presentarse de diferentes formas, por ejemplo el *tono* de voz de una persona, *lo* que dicen o *cómo* lo dicen, esto estimula las memorias de la niñez y la infelicidad asociada con éstas.

Nuestros sentidos están muy conectados con nuestros recuerdos. El olor, el sabor, el tacto y el sonido pueden actuar como detonadores para nuestro banco de recuerdos e instantáneamente podemos ser catapultados al pasado, hacia los sentimientos (ahora la mayoría "emociones") asociados con un episodio de tu vida. El olor de un cierto perfume, o cierta comida. Un sonido en particular, como las campanas de la iglesia o una canción. Una manera particular de tocarte, o un lugar particular en el que te tocan que asocies con el pasado. Los sensores de nuestra memoria pueden tener trasfondos negativos o positivos.

Para la mayoría de los individuos la familia es comúnmente una gran fuente de emociones durante la niñez. Rivalidad y competición por el amor entre hermanos, aunado a las preferencias de los padres, puede causar heridas que terminan siendo grandes fuentes de emoción en el futuro. Más tarde en la vida, la familia sigue siendo una fuente de emoción, porque nuestro sentido de culpabilidad puede ser provocado y manipulado para hacer "lo correcto para el otro" con el objeto de recibir su aprobación y amor, o para probar nuestra valía.

Abuso físico, abuso sexual, violación

El cuerpo "guarda" los recuerdos de todos los *eventos física y psicológicamente traumáticos* que ocurren en la vida de un individuo. El cuerpo guarda el miedo y los recuerdos en las células, además de los sentimientos inexpresados conectados a la experiencia subjetiva, como una vibración o frecuencia. Cualquier trauma, desde el primer momento en adelante, es grabado por el cuerpo. Si los sentimientos asociados con el evento traumático *hubieran sido expresados en el momento* del trauma, la influencia o "el daño" se reducirían sustancialmente a largo plazo. En casos de abuso o violación de menores, el que ellos expresen algo es inaceptable. En la mayoría de los casos la madre se pondrá del lado del marido o el familiar antes de "creerle" al niño. Básicamente porque a los niños no se les da credibilidad. Una mujer que haya sufrido abuso sexual en su niñez comúnmente es incapaz de expresar su horror y confusión. Por lo general, el culpable de la interferencia sexual es algún familiar o vecino cercano y el admitir o hablar de la experiencia traumática con otra persona es imposible. Frecuentemente el pariente hará que la niña jure guardar el secreto, extrayéndole una promesa (ofreciéndole regalos a cambio) o haciendo un trato para mantener a la niña callada. La niña no admite ante nadie el torbellino de emociones y sentimientos que se agitan en su interior. La interferencia no tiene que ser evidente, puede ser mediante insinuaciones de la voz, ciertas vibraciones "cargadas" sexualmente, comentarios o miradas.

Los traumas van siendo "enterrados" gradualmente en el subconsciente como recuerdos y la niña en crecimiento puede entrar en su vida sexual cargando una herida dolorosa. En muchos casos, las mujeres que sufren abuso borran su memoria y se olvidan superficialmente del episodio como una forma de auto conservación. Se encuentran, no obstante, llenas hasta el tope de sentimientos inexpresados, y se han "endurecido" para protegerse en el futuro. El resultado es que cualquier hombre que se le acerque o trate de hacer el amor con una mujer que ha sufrido abuso podrá hacer surgir el pasado enterrado. Esta mujer, cuando se encuentre con un hombre, puede sentir una repulsión repentina e inesperada, disgusto o náusea que se relacionan con los sentimientos inexpresados previamente. Bajo la superficie continúan existiendo coraje, tristeza y dolor. Debido a la memoria grabada en sus células, esta mujer puede ser fácilmente conducida dentro de la emoción e inesperadamente encontrarse en un estado de contracción y desconexión en el presente.

Tales sentimientos inexpresados del la niñez tenderán repentinamente a surgir de manera indirecta como emociones durante la edad adulta, causando ataques de infelicidad, dando la impresión de que el amor aumenta y disminuye, aunque en realidad sea el *nivel de emoción lo que cambia*. Cuando estamos emocionales se pierde nuestra conexión con el amor y la felicidad en el presente. Si notamos que nos volvemos emocionales, bajo las circunstancias anteriores, es de gran ayuda *ser capaces de reconocer la situación* y lo que realmente está ocurriendo. Recordemos que las emociones representan nuestro aspecto inconsciente y que son potencialmente destructivas si permitimos que nos controlen. En cambio, con el reconocimiento de nuestra emoción, podemos crear una situación curativa para nosotros. Hay un valor tremendo y un poder sanador en la expresión de los viejos sentimientos inexpresados, un tema que será tratado más tarde detalladamente.

Sexo convencional como fuente de emoción

Una significativa fuente adicional de emociones, cuando nos volvemos maduros sexualmente y pasamos a la edad adulta, es el sexo. El sexo convencional –el tipo de sexo que el noventa y nueve por ciento de nosotros tenemos– que se basa en el placer y alcanzar el orgasmo, aunque el resultado que se busque sea el de obtener una "carga" de emoción, lo que adviene, a fin de cuentas, es que una tensión o "carga" sea depositada dentro del organismo. Más tarde la "carga falsa" necesita ser descargada o liberada de una manera u otra (para equilibrar el sistema) y eventualmente aparecerá en forma de emociones.

El sexo convencional puede ser descrito de manera más precisa como "sexo emocional", término acunado por Barry Long, el maestro espiritual de Australia. Se produce una gran cantidad de tensión en el cuerpo porque *la mente habitualmente fuerza el orgasmo* en los genitales. La mayoría de la gente no cree que el sexo sea sexo a menos que venga acompañado de un orgasmo. Altos niveles de sensación, excitación y tensión física son producidos para alcanzar el clímax, hasta que hay una descarga y se libera placenteramente la "tensión" hacia abajo en un orgasmo genital.

Los maestros espirituales nos dicen que cuando la energía se mueve por el cuerpo en una descarga descendente, el resultado es la tensión. Por el contrario cuando la energía se mueve ascendentemente, como en la práctica sexual Tántrica, el resultado es el silencio, el contento y la dicha. Las tensiones depositadas en el organismo buscan una salida para liberarse. La presión y el enfoque en el orgasmo dejan a la gente un poco "cargada emocionalmente" y es por eso que es muy común que surja una disputa o crisis doméstica después de hacer el amor. Si realmente se hizo el amor, es muy claro que no debe haber motivo para pelear, porque te sientes enamorado contigo mismo y con la otra persona. Si no hay una pelea con tu pareja es muy probable que tarde o temprano te encuentres inesperadamente molesto por otra cosa y encuentres alguna falta en tu pareja o tus hijos sin motivo alguno. Mucha gente nos ha reportado que al examinar el periodo de tiempo posterior al orgasmo sí han experimentado una sensación de desconexión y soledad.

La experiencia de un hombre al eyacular:

> Aproximadamente en el cuarto día de el retiro Making Love, sentí dolor en mis genitales junto con un fuerte sentimiento de presión, similar al dolor que había experimentado en el pasado cuando no había eyaculado en un largo periodo de tiempo. Al mismo tiempo debo decir que sentía que los días anteriores mi pareja y yo habíamos hecho el amor de una manera "fenomenal", no muy "ardientes" o excitados como ustedes nos sugirieron. Así que me sentía seguro de no haber estado muy excitado o de no haber reprimido mi eyaculación deliberadamente, lo cual como

explicaron, también puede causar dolor en el área de los testículos y la ingle. En el quinto día, mientras hacíamos el amor y estaba dentro de ella, platicamos y acordamos que podía simplemente terminar con el dolor y eyaculé. En ese preciso momento mi pene comenzó a hacerse cada vez más pequeño –algo que nunca me había sucedido– y se salió de su vagina. Ok, le dije. Perder mi erección es seguramente una señal que dice que no debo "venirme". El dolor y la presión desaparecieron nuevamente. Al siguiente día tuve un orgasmo sin que yo lo buscara o lo quisiera. El orgasmo es hermoso porque lo estamos experimentando conscientemente. De cualquier manera, sólo después me di cuenta de que súbitamente molestaba a mi amada, la provocaba y le hacía comentarios descarados como es mi costumbre. Ella me dijo que sentía que yo le estaba lanzado mis aguijones y la estaba alejando de mí. La percepción empieza lentamente y me toma un rato darme cuenta de que me sentía solo después de un orgasmo, y separado de mi amada después de haber pasado tantos días hermosos juntos. Por primera vez me es obvio que a menudo soy emocional después de eyacular. De repente se ve tan claro. Aunque la experiencia del orgasmo fuera buena, después yo era levemente emocional.

La mente como fuente de emoción

La mente por sí sola puede ser una gran fuente de emociones. Mucha gente se mete tanto en pensamientos obsesivos y preocupantes, que producen estados continuos de ansiedad y sufrimiento. La reincidencia obsesiva en un sujeto o situación puede provocar que una persona se vuelva extremadamente emocional e infeliz. Quizá hayas tenido experiencias en las que te has estado sintiendo satisfecho con tu felicidad cuando súbitamente caes en el recuerdo de un incidente perturbador del pasado. Es probable que tu felicidad ¡se evapore en un instante! O si piensas obsesivamente en algún problema que tienes con alguien, te calientas a punto de ebullición en cuestión de minutos. Tal vez te molestas a ti mismo repetidamente, contando una y otra vez la misma historia o drama a tus amigos. Cada vez que haces esto, estás reciclando las viejas emociones en tu sistema, enojándote o entristeciéndote varias veces, años después del evento. Se vuelve difícil dejar el pasado en el pasado.

Muchos de nosotros nos "identificamos" con el pasado y las emociones que acarrea, así que también empezamos a definirnos por nuestra infelicidad, lo que nos hace muy difícil pisar en el presente, donde la vida está teniendo lugar. En el aquí y el ahora. Algunas personas se la pasan insistiendo en la infelicidad de su niñez que echó a perder sus vidas, pero el hecho es que ahora no se puede hacer nada para cambiar el pasado. Nuestro pasado debe ser aceptado, y lidiado de una manera constructiva. Quejarnos durante los siguientes cincuenta años no va a ayudar en nada a nuestra calidad de vida. El pasado y el futuro siempre envuelven nuestras mentes, nos mantienen envueltos interminablemente en nuestros pensamientos, en algo que no existe en el ahora. A veces, algunas personas pueden parecer "adictas" a su estado emocional; se piensan a menudo en estados de miedo y duda.

Dolores y emociones colectivas

En el libro *El Poder del Ahora*, capítulo 8, Eckhart Tolle dice que las emociones usualmente tienen un aspecto colectivo y uno personal. El aspecto colectivo es el dolor que se ha acumulado en la psique colectiva de los humanos a través de los años mediante la enfermedad, la tortura, la guerra, el homicidio, la crueldad, la maldad. El cuerpo emocional o el dolor físico también forma parte de las emociones colectivas. La mujer también hereda tensiones y traumas prenatales de su madre, así como sus actitudes hacia los hombres más tarde en su vida.

Eckhart Tolle: "Cada mujer tiene su parte en lo que puede describirse como el dolor colectivo del cuerpo femenino, a menos que sea muy consciente. Esto consiste en el dolor acumulado que han sufrido las mujeres a través de los años, en parte mediante la subyugación femenina, la esclavitud, la explotación, la violación, el nacimiento, la pérdida de un bebé, etcétera. El dolor emocional o físico que para muchas mujeres precede y coincide con su menstruación es el dolor en su aspecto colectivo, despertando de su estado letárgico en ese momento, aunque también puede ser despertado en otros momentos. Impide el libre fluir de la energía de la vida a través del cuerpo, de lo cual la menstruación es una expresión física. A menudo el dolor del cuerpo "se apodera" de la mujer en ese momento. Es una carga energética tan poderosa que fácilmente puede inducirte a una identificación inconsciente con ella. Eres poseída activamente por un campo de energía que ocupa tu espacio interior y pretende ser tú, pero por supuesto, no eres tú para nada. Habla a través de ti, actúa a través de ti, piensa a través de ti. Creará situaciones negativas para alimentarse de tu energía. Quiere más dolor, de cualquier forma".

CAPÍTULO 7

LIDIANDO CON LA EMOCIÓN. REGLAS DE ORO

La pregunta crucial es: ¿Qué puedo hacer cuando reconozco que estoy emocional? La parte fácil es reconocer la emoción, pero ¿Qué puede hacerse para remediar la situación? ¿Cómo debo manejarla? ¿Cómo puedo regresar a la conexión desde la desconexión que estoy experimentando ahora? ¿Cómo encuentro al amor otra vez?

Cinco pasos necesarios para transformar la emoción

Hay cinco pasos esenciales que deben seguirse para disolver la emoción de manera que puedas extraerte del conflicto o situación negativa con tu pareja.

1. Reconoce que estás emocional (como se mencionó en el capítulo anterior).
2. Admite en voz alta dos simples palabras alquímicas "Estoy emocional".
3. Di: "Me voy ahora porque necesito un tiempo a solas. Regreso más tarde".
4. Mueve tu cuerpo activamente por un largo periodo de tiempo.
5. Regresa más tarde con tu pareja.

Regla de oro 1: Reconocer la emoción

Se requiere de práctica para reconocer la emoción. Cuando te empieces a identificar en la lista de síntomas del capítulo 2, comenzarás a reconocer tu emoción más fácil y rápidamente. Te volverás cada vez más diestro en detectar la emoción. Vendrá un reconocimiento interno de dónde estás, y la comprensión de lo que está sucediendo realmente. No permanecerás en la confusión y la duda. Descubrir la emocionalidad y cómo opera te dará una nueva visión de ti mismo. Tendrás la oportunidad de saber dónde estás, cuando estás ahí, lo cual puede ser un gran alivio. Tu vida no se está cayendo en pedazos, ¡simplemente estás emocional! No es que sea agradable la experiencia de estar emocional, pero al menos sabrás que tu pareja no es la responsable de tu sufrimiento. La fuente reside en los sentimientos inexpresados que has acumulado. Tan pronto como empieces a estar atento a tus cambios de nivel de emoción, a tus altas y bajas, sucederán con menor frecuencia las perturbaciones en tus relaciones.

Regla de oro 2: Reconocer en voz alta

Necesitamos externar nuestro reconocimiento interno de la emoción. Definitivamente, tenemos que admitir la situación diciendo: "Estoy emocional". No debemos sustituir estas palabras por otras, ya que ninguna de ellas tendrá el mismo efecto. Palabras como "Tiempo fuera" o "Necesito algo de espacio" no confiesan realmente lo que estás sintiendo, por ende no funcionan como sustitutos. Diremos en voz alta y clara las palabras "Estoy emocional". Evidentemente no le gritaremos de manera emocional estas palabras a nuestra pobre pareja. Simplemente declararemos lo que está aconteciendo en nuestro mundo interno, admitiendo que estamos emocionales.

La emoción, como se mencionó en el capítulo 2, es un aspecto del ego, así que admitirla puede ser un gran reto cuando nos encontremos en medio de ella. De hecho, cuando estemos emocionales estas dos palabras parecerán ser las más difíciles de decir. La razón por la que es tan difícil admitir que estamos emocionales es que automáticamente nos sentimos identificados con el ego, como se encuentra listado en los indicadores de emoción del capítulo 2.

El ego que directamente se recarga en el centro del corazón, efectivamente oscurecerá a éste al igual que al amor que se experimenta naturalmente en él. Lo último que va a querer hacer el ego cuando esté emocional será rendirse, bajar de su orgullosa posición. Al ego no le gusta estar equivocado o admitir verbalmente que la otra persona no está equivocada o no es culpable de la situación. La mente hará todo lo que pueda para convencerte de diversas formas de que tú *tienes todo el derecho* de culpar a la otra persona, porque ellos *realmente* hicieron algo. El ego es muy obstinado, se enorgullece al estar en lo correcto, así que abandonar la posición de falso poder es una experiencia humillante para una persona.

Decir "Estoy emocional", implica claramente que te estás haciendo responsable de tus emociones. Al decirlo, tu pareja queda absuelta, básicamente, la dejas fuera del gancho. Como consecuencia de que has notado que estás atrapado en el pasado, en la emoción, los retiras de la película. La pareja usualmente sentirá un alivio. ¡Ahora *ellos* saben que *tú* sabes lo que está ocurriendo! Estas dos palabras actuarán como una espada, cortando a través de capas de inconsciencia. En el momento que hables con ellos sentirás un gran cambio en la atmósfera mientras el nivel de tensión decrece.

Regla de oro 3: Retirarte para estar a solas

Después de haber admitido que estás emocional, es esencial que te separes físicamente de tu pareja. Dile que te alejarás porque necesitas un tiempo para ti y que luego regresarás. No azotes la puerta detrás de ti cuando te vayas, ¡esto es la emoción hablando! Sé lo más amoroso y amable posible bajo las circunstancias. Si tu pareja quiere seguir la pelea no le contestes, en cambio dile adiós y retírate del cuarto. Recuerda, la tendencia de la emoción (ver la lista de indicadores de emoción) es continuar peleando y discutiendo y meterte más y más profundo en el agua caliente. Retirándote físicamente evitarás la posibilidad de sumergirte en más emociones y continuar peleando y lastimándose mutuamente de manera inconsciente.

Necesitarás encontrar un lugar privado, otro cuarto de la casa, el jardín, el bosque, o lo que te sea disponible. ¡No te vayas manejando en el carro en plena emoción! Manejar bajo la influencia de la emoción es muy peligroso y puede ocasionar accidentes graves. Quédate donde estás y has lo mejor que puedas, dadas las circunstancias.

Regla de oro 4: Muévete conscientemente

¡Mueve tu cuerpo! No mecánica, ni automáticamente, sino conscientemente y con intención. Mueve tu cuerpo activamente durante un buen periodo de tiempo. ¡Respira! Cuando estamos emocionados necesitamos impulsar a las toxinas *fuera del cuerpo* a través de los tejidos. Ponerte activo físicamente es crucial para quemar y transformar las emociones. Es importante comprender que cuando estamos emocionales, efectivamente nos alejamos del cuerpo, aunque experimentemos la intensa emoción a nivel físico. En realidad, estamos atrapados en una película antigua. Nuestra identificación con el pasado nos aleja de nuestro cuerpo físico en el presente, donde prevalecen buenas sensaciones internas.

El movimiento del cuerpo es necesario para sacar los venenos de sentimientos inexpresados fuera de nuestro sistema. Es recomendable el movimiento fuerte, consciente, energético, y que te consuma todo. El movimiento debe ser total por una cantidad de tiempo significativa, no sólo unos pocos minutos. Sabrás que tu emoción se ha apagado porque te empezarás a sentir más como normalmente eres. También es bueno hacer algún sonido usando la voz combinada con el movimiento. Algunas veces la presencia de los niños o los vecinos puede ser un factor inhibidor, pero ellos no deben evitar que te expreses. ¡Encuentra una forma que te funcione sin molestar a los que están a tu alrededor! Pon una almohada en tu boca para amortiguar el sonido de tus gritos. Si no es posible hacer ruido, sólo mover el cuerpo tendrá iguales efectos benéficos. Sugerencias para activarte físicamente:

- Estampa tus pies.
- Baila salvajemente al ritmo de la música usando los brazos y las piernas.
- Agita erráticamente el cuerpo, brazos, manos, y cabeza.
- Comienza a hablar *gibberish* (parloteo ininteligible y sin sentido).
- Con los brazos levantados, salta arriba y abajo gritando ¡hoo! cada vez que tus talones toquen el piso.
- Aporrea con tus puños una almohada gruesa o un colchón y grita fuertemente con tu estómago.
- Camina vigorosamente varios kilómetros.
- Realiza cualquier trabajo físico en el que utilices tu cuerpo vigorosamente.
- Empieza a ejercitarte con la meditación dinámica diseñada por Osho disponible en CD.

Evita por completo recostarte cuando estés emocional, aunque pueda ser tentador. Cuando estamos emocionales tendemos a colapsarnos, sentirnos débiles, y la solución más tentadora es la de acurrucarnos en la cama o mirar la televisión. Cuando hacemos esto, básicamente continuamos en un estado emocional, sintiendo lástima por nosotros y mimando a nuestras emociones por horas. A causa de nuestro estado de contracción y debilidad es un reto encontrar la motivación para movernos un centímetro; deja que tu cuerpo se mueva vigorosamente por sí solo durante treinta o sesenta minutos, o por el tiempo que sea necesario. De cualquier forma, el paso tiene que darse y lo más rápido que empieces a moverte, lo más pronto que empezará a surgir una sensación de bienestar.

Mientras más muevas tu cuerpo, más rápido se quemarán y te abandonarán las toxinas y el veneno de tu sistema. Ocasionalmente sucederá, que al estar golpeando un cojín, por ejemplo, entrarás en contacto con una capa más profunda de poderosos sentimientos que la capa más superficial de tu reacción emocional. De repente empezarás a llorar desde un lugar del centro de tu corazón al conectarte con viejos dolores o heridas de muchos años atrás. En otras palabras, una corriente de viejos sentimientos inexpresados saldrá a la superficie para liberarse. Y realmente esto es lo que deseamos. Queremos llegar a la capa de sentimientos que han sido guardados dentro, que bloquean y envenenan el sistema, provocando las emociones en nuestra vida.

Si las lágrimas y la tristeza se apoderan de ti, quédate en el proceso de apertura. Permite las lágrimas, no te guardes nada y no trates de entender la fuente o la raíz de la emoción. Pensar y analizar te aleja del presente.

Ríndete ante lo que emerge de los niveles inconscientes de tu sistema. La curación es el resultado de liberar los sentimientos viejos y enterrados. Los recuerdos guardados pueden ser liberados del cuerpo, aquí y ahora, por una persona que entre en contacto con los *sentimientos originales que se esconden en el corazón* de la emoción.

Transformar las emociones en sentimientos originales y verdaderos puede curar heridas del pasado (en el presente) a nivel celular. Cuando transformamos conscientemente viejas emociones en sentimientos genuinos y las liberamos "viviéndolas" nos volvemos nuevamente sanos y completos. Una vieja herida de nuestra psique es sanada, el "veneno" de nuestros sentimientos inexpresados es descargado, los sentimientos no vividos son expresados y el sistema es revitalizado. Expresar conscientemente los sentimientos reprimidos es una poderosa experiencia sanadora.

Regla de oro 5: Regresar con tu pareja

Después de un periodo de movimiento físico es probable que notes que te empiezas a sentir mucho mejor y puedes ver tu situación con más luz y distancia. La negatividad y la identificación han sido apagadas mediante la expresión física y estás listo para regresar a la vida en el aquí y el ahora, y también al amor.

Cuando sientas que has hecho suficiente movimiento para apagar tu emoción, siéntate en silencio por unos minutos para calmarte y empezar a entonarte con tu cuerpo. Quizá notes que vuelves a sentir tu corazón, que no te están consumiendo pensamientos negativos y venenosos acerca del otro.

Quizá incluso sientas amor y gratitud. Mantén tu concentración en el cuerpo hasta que alcances un punto en que te sientas con los pies en la tierra y centrado en ti mismo. Cuando te sientas listo para enfrentar a tu pareja nuevamente, regresa a ella, acércate lentamente y ofrécele un abrazo abriendo tus brazos hacia ella. No hay necesidad de hablar en este momento, o de explicar o justificar lo que sucedió. Deja que el pasado se vaya. A menos, claro, que quieras decirle que ¡ahora ya no estás emocional! y te rías de ti mismo.

Puedes hacer una inspección visual cuando regreses para monitorear en qué nivel de emoción te encuentras. Deja que tus ojos se encuentren con los de tu pareja. Indaga si puedes verla a los ojos. Si la respuesta es "sí", sabrás que has cambiado de postura, porque antes, durante la emoción, era imposible tener contacto visual (uno de los síntomas de la emoción).

Sucederá algunas veces que al regresar finalmente con tu pareja, descubrirás que aún no puedes mirarla a los ojos. La sensación de separación sigue en el aire. No es la gran división que estaba antes, sí te sientes más cercano a ella, pero aún no estás completamente conectado; es como si pudieras ver a través de la pared que los separa, pero la pared sigue ahí. La información de que estás "a la mitad del camino" es una señal de que necesitas volver a separarte y tener otra sesión física. Debes continuar con el movimiento hasta que sientas que el sentido de separación se ha disuelto. El proceso dura tanto como sea necesario. Mientras más sigas las reglas de oro paso a paso, el proceso se hará más y más corto, y más fácilmente te encontrarás de regreso en tu equilibrio y amor internos.

Postulado de las reglas de oro

Recuerda: ¡Observa, di, sepárate, muévete y regresa! Cuando la emoción es transformada en sentimiento, mediante la actividad física o expresando realmente tus sentimientos verdaderos (lágrimas que provienen del corazón y no de la autocompasión) representará un paso fuera de la emoción. La carga "negativa" es expulsada gradualmente de la herida, lo cual representa un paso positivo, ya que poco a poco vamos dejando de identificarnos con eventos de la niñez que previamente nos hubieran cazado. Existe un "dolor dulce" cuando abandonamos nuestros sentimientos retenidos, el placer de la liberación al dejar ir las tensiones y presiones internas que hemos cargado durante años. Éste es realmente el postulado de las reglas de oro: Deseamos reconectarnos con los viejos sentimientos inexpresados para sanar el pasado y transformar el presente en una experiencia permanente de amor y dicha, sin ser molestados por trastornos emocionales.

Confidencia de una pareja:

Al regresar a casa después del retiro Making Love tuvimos una competencia en un torneo mixto doble de tenis. Sabíamos que las habilidades de nuestros oponentes eran similares a las nuestras y que teníamos que jugar bien para ganar. Anteriormente, era muy común que en situaciones como ésta nos poníamos emocionales durante la competencia y nos infectábamos mutuamente. ¡Usualmente perdíamos la competencia por ponernos emocionales! Era más una pelea en nuestro propio equipo, por la cual, usualmente, perdíamos la verdadera pelea en el juego de tenis.

Ahora hemos aprendido a mantener las emociones fuera de la situación y hemos descubierto la manera de retar juntos a nuestros oponentes. ¡Ganamos esta competencia perdiendo únicamente un solo juego! ¡Y más adelante ganamos todos los partidos y el torneo completo en nuestro club de dobles mixtos! Sólo porque cada uno de nosotros estaba consigo mismo y dejamos que las emociones se quedaran fuera del juego, lo que nos dio la posibilidad de enfrentar el reto juntos. Por cierto: ¡esto también nos ha ayudado cuando jugamos en torneos individuales!

Confidencia de una mujer:

Hacer más seguido el amor de la manera tántrica que nos enseñaron nos ha transformado en seres humanos pacíficos, no más peleas en la oficina, lo cual hacíamos diario antes de aprender de ustedes. Y si peleamos, sabemos que no nos hemos tomado el tiempo suficiente para hacer el amor. Desafortunadamente, estamos tan entretenidos en el desempeño y responsabilidad de nuestra compañía, que tenemos dificultades para hacer del amor nuestra prioridad más alta. Es sorprendente las pocas veces que tuvimos que salir a correr o gritar antes de darnos cuenta de que estábamos emocionales, lo suficientemente rápido para detener la pelea, sólo un total aproximado de cinco veces. Estamos acostumbrados a reconocer patrones entre nosotros y eso nos ha ayudado.

CAPÍTULO 8

ARGUMENTOS PARA SEPARAR EL AMOR DE LA EMOCIÓN

El proceso es tan largo como sea necesario

¿CUÁNTO TIEMPO REQUIERE recuperarse de una ola de emoción? Básicamente no hay un marco que indique el tiempo necesario para recuperarse de una emoción. Al principio puede tomar varios días o quizá sólo unas cuantas horas, pero lo cierto es que una vez que empieces a hacerte responsable de tus emociones, nombrándolas en voz alta y después lidiando con ellas, el intervalo de tiempo entre tus emociones detonadas y su resolución se irá reduciendo lentamente.

Las parejas a menudo nos dicen que sólo tienen que seguir las instrucciones de las reglas de oro unas cuantas veces antes de que aumente su conciencia de los estados emocionales. Con la nueva comprensión son capaces de separar el amor de sus emociones destructivas. Algunas veces, los conflictos que normalmente les tomaba días procesar, ahora se acaban en menos de una hora. Reportan relaciones más amorosas entre ellos. La importancia de sustraer el amor de la emoción es que podemos protegerlo para no destruirlo una y otra vez. Podemos mantener el dominio del amor en el presente, libre de la contaminación del pasado. Ahora el amor puede preservarse en su pureza, podemos dejar el pasado fuera y mantenerlo lejos del presente usando la "conciencia".

Posibles situaciones que pueden surgir entre dos personas:

Situación 1: Uno se pone emocional.
Situación 2: Ambos se ponen emocionales.
Situación 3: Uno se pone emocional y el otro no.
Situación 4: Crees que tu pareja está emocional.
Situación 5: Una persona (que no es tu pareja) se pone emocional contigo.

Situación 1: Uno se pone emocional

Tan pronto como reconozcas que estás emocional, sigue las reglas de oro explicadas en el capítulo anterior para transformar la emoción. Rápidamente comienza diciendo: "Estoy emocional", luego retírate y mueve tu cuerpo antes de regresar con tu pareja un tiempo después.

Situación 2: Los dos se ponen emocionales

En la mayoría de los casos ambos se pondrán emocionales al mismo tiempo. Estas dos situaciones, por lo general, sucederán casi simultáneamente mientras uno sigue al otro en un instante. Uno se pone emocional y como consecuencia directa el otro también se pone emocional. Para la primer persona que se pone emocional, casi no hay oportunidad, ni siquiera unos pocos segundos, para intervenir reconociendo su emoción.

Recuerda que la emoción se esparce rápidamente porque las toxinas son infecciosas. Acuérdate que al igual que tú, la otra persona también lleva una carga de emociones o sentimientos inexpresados. Éstos se activan mediante la vibración de la toxina de la carga que está en tus emociones y detonan en las que están latentes e inexpresadas en la otra persona. Volverse emocionales al mismo tiempo puede abrir las compuertas a un torrente de intercambios abusivos (verbal y físicamente), lo que puede transformar la situación en una pesadilla viviente.

Si los dos se ponen emocionales, *ambos* sigan las reglas de oro, y digan "Estoy emocional". Después, sepárense físicamente y vayan a diferentes lugares de la casa, pónganse activos y quemen su carga emocional. Contáctense con su sentimiento inexpresado, dejen que fluya a través de ustedes y sigan el procedimiento hasta que lleguen a un final satisfactorio y amoroso.

Situación 3: Uno se pone emocional y el otro no

En esta situación las segundas personas son capaces de permanecer en tierra y quedarse en el presente, inamovibles por la ola emocional del otro. Son capaces de "retener" el espacio, de mantenerse amorosos y comprensivos. Reconocen que la emoción está activa en el otro y no son afectados por ella. No se lo toman personal y conscientemente no se permiten quedar atrapados en la emoción del otro. Si una persona ha trabajado descargando sus propios sentimientos inexpresados (cuerpo emocional o cuerpo de dolor) es muy probable que ya no reaccionen ante los detonadores en el momento presente.

Cuando una pareja se mantiene centrada, consciente y sin resbalar inconscientemente en las emociones, se crea una oportunidad para la curación profunda. Cuando no hay una reacción de respuesta emocional de la pareja, la persona que se encuentra alterada se ve inesperadamente forzada a enfrentarse a sí misma. En esta intensidad se abre una ventana para la sanación. Surge el potencial para alcanzar capas más profundas de ellos mismos, donde están enterrados varios sentimientos. Como parte del proceso curativo puede suceder (pero no debe ser esperado) que se aclare el recuerdo de un evento de la infancia relacionado con otra persona, o con los padres. En la profundidad de la tristeza y el dolor pueden aparecer imágenes vívidas relacionadas con algún evento de la niñez. Por ejemplo, la primera vez que tuviste una experiencia subjetiva de abandono en tu niñez, donde no fuiste capaz de expresar tus miedos y sentimientos relacionados con que tus padres no llegaran a casa. El abandono es una emoción detonada muy comúnmente entre las parejas. Los sentimientos de abandono pueden ser un tema recurrente en la vida de una persona. Sólo cuando son liberados los sentimientos más tempranos conectados con experiencias de abandono, el individuo empezará a ser libre de los temas emocionales que surgen alrededor del abandono.

Cuando contactamos de manera espontánea con la raíz del daño y permitimos que fluyan el dolor y las lágrimas, estamos curados a nivel de cuerpo y corazón. Mediante la limpieza de nuestro pasado, notaremos que la siguiente vez que emerja el mismo tema no tendrá el mismo efecto. Hay un sentimiento de separación. No guardas el mismo dolor por dentro porque ha sido descargado del sistema y no está disponible para reactivarse en forma de emoción.

Situación 4: Piensas que tu pareja está emocional

Toma nota nuevamente: ¡Es más fácil reconocer la emoción de otro que la propia! Como regla general, nunca le digas a tu pareja que está emocional. Aléjate de los asuntos de tu pareja y encárgate de los tuyos. Asegúrate de no ponerte emocional aunque los otros actúen de esa forma. Decirle a alguien que está emocional, cuando está emocionado, es como agregarle gasolina al fuego, la situación puede inflamarse repentinamente y empeorar.

Si no podemos decirle a nuestra pareja que está emocional, ¿cómo podemos ayudarle? En el fondo, lo que anhela una persona emocional, es amor, sin importar qué haya detonado el estallido emocional y cuántas barreras ponga para mantenerte alejado. En la emoción nos movemos a un estado de miedo y éste refleja la ausencia del amor, como ya se mencionó en el capítulo 2.

En nuestros seminarios de parejas, hemos verificado a menudo el hecho real de que el miedo es la ausencia del amor al preguntar: "Cuando estás en un nivel profundo de emoción, ¿qué es lo que deseas?" La respuesta "¡Deseo amor!" origina eco en el salón.

¡La tragedia es que cuando estamos emocionales no somos muy simpáticos! Tan pronto como expresamos nuestros sentimientos verdaderos, nos volvemos inmediatamente más inocentes e infantiles y más fáciles de amar.

Mantente presente y amoroso. La verdad confirmada de que una persona emocional necesita amor significa que ¡necesitamos ser amorosos con ellos! La mejor medicina para los síntomas es una buena dosis de amor. Simple, dulce, fácil. Puede suceder que tu amor no sea recibido inmediatamente, pero si eres paciente, inocente y de corazón pleno, el amor es una eterna fuerza curativa. No reacciones al no ser recibido tu amor a la primera. Si tu pareja rechaza inicialmente tus intentos de conectarte con ella, ¡cuida no ponerte emocional porque tu amor ha sido rechazado! En estas circunstancias puede suceder muy fácilmente que te pongas emocional a causa de tus heridas personales de rechazo.

Deja que tu corazón te guíe. No existe una receta para acercarse a una persona emocional. Algunas veces, palabras como: ¿Puedo hacer algo por ti? o ¿Necesitas algo? Son capaces de abrir las puertas cerradas, pero no necesariamente. Fuera de contexto cualquier sugerencia o fórmula sonará superficial. Déjate guiar por el instinto y un corazón amoroso. ¿Cómo te gustaría que se acercaran a ti si estuvieras en esa situación? Una caricia amorosa puede ser un puente para alcanzar a una persona emocional. A veces el silencio es mejor que las palabras, siéntate cerca de él o ella en silencio y entra dentro de tu corazón y tu ser cuando lo(a) abraces con tu presencia.

Situación 5: Una persona (que no es tu pareja) se pone emocional contigo

Las emociones emergen entre toda clase de personas, no sólo entre amantes. Amigos, parientes, hijos, empleados, colegas, jefes, extraños, la lista es interminable. En un nivel práctico, la manera más fácil de cambiar tu manera de lidiar con las emociones y los sentimientos es empezando con la persona más cercana a ti. Puede ser una visión que tengan en común para incrementar la vibración del amor entre ustedes. Pueden experimentar juntos conscientemente y seguir las reglas de oro para separar al amor de la emoción, paso por paso, hasta llegar a conclusiones significativas. Naturalmente, estos pasos tendrán que seguirse varias veces para aprender el truco. De cualquier manera, con otra persona, ya sea extraña o no, lidiar con las emociones que te provoca puede ser más difícil. No tendrán ni idea de qué hablas si empiezas a afirmar que estás emocional. Aun así, algo tiene que hacerse para romper los ciclos inconscientes de emoción que corren por nuestras vidas. Tanta infelicidad tiene que despertar algún día.

Retírate. Si alguien se pone emocional contigo, o tú te pones emocional con otra persona, lo mejor es retirarse de su compañía. Retírate de la manera más educada y elegante posible, y de prisa. No te metas en una discusión, justificación o debate. Simplemente puedes reconocer que estás emocional y que cualquier cosa que digas en este momento será poco fiable. Necesitas un tiempo para ti, aun si no entienden lo que dices. Puede que no te sea posible el moverte físicamente en la oficina ni trabajar para sacar el efecto negativo de cualquier emoción. Aun así, puedes salir a dar una rápida caminata vigorosa, o ir al baño a brincar y sacudirte. Cuando llegues a casa, puedes hacer más ejercicio si quedan tensiones en tu sistema.

Espera para hablar con la persona interesada sólo hasta que ya no te sientas emocional. Date tiempo para recuperarte de las emociones. Esperemos que cuando encuentres a la otra persona también se haya enfriado. Sin la emoción y las reacciones inconscientes, es más seguro que se dé una comunicación constructiva. La pelea sólo se mantiene si dos personas están involucradas, como dice el dicho: se necesitan dos para bailar tango. Así que si mantienes abajo tu nivel de emoción, serás más hábil para resolver dificultades fácilmente y tendrás menos conflictos con la gente.

Llegar directo al núcleo del asunto

Muchos psicoterapeutas asisten a nuestros seminarios y después de nuestra presentación varios se acercan un poco asombrados. Nos dicen que ellos han pasado años estudiando sicología para llegar al punto central que nosotros habíamos resumido en 90 minutos. Las situaciones esenciales que muchos de nosotros enfrentamos son resueltas de una manera práctica, simple y poco complicada.

Algunas personas, cuando oyen esta revolucionaria reorientación de la emoción, piensan que es muy simple. La solución de los problemas es necesariamente un trabajo arduo y doloroso. La mente ama las soluciones alejadas y algo simple e instantáneo es descartado por ser algo aparentemente infantil. Sólo la práctica hace nacer un cuerpo de experiencia. Separar el amor de la emoción es definitivamente algo que tiene que experimentarse para poder cosechar sus beneficios. Hablar de los pros y los contras no tiene valor; llegar a comprender la emoción y hacernos responsables de ella, eleva a la gente más allá del dominio de la dificultad y los problemas.

Hay gente que explica los ataques emocionales que tenemos como un funcionamiento del "niño interior", que sigue a través de la vida, herido y lastimado por las experiencias de la niñez. En ocasiones, cuando el niño interior está en escena, el comportamiento emocional inconsciente es disculpado, perdonado o aceptado como parte de la personalidad. Es normal expresar a nuestro niño interior, lastimar a otras personas porque mami no nos dio suficiente amor en algún momento. Pero la pregunta verdadera es: ¿Cuánto tiempo queremos seguir enganchados a nuestra niñez, al pasado, a todo ese dolor? Tenemos que seguir adelante y convertirnos en adultos para poder crear un ambiente agradable, amoroso para nosotros mismos. Durante años, podremos encontrar el mismo tema de la infancia reproducido, aun no haya resolución. Mientras le sigamos dando al niño interior nuestra aprobación, le dejamos el terreno libre a las emociones inconscientes.

Reconocer al niño interior (nuestras emociones) es un paso importante en nuestro camino al crecimiento, pero no es la película completa. El niño interior tiene que empezar a hacerse responsable del pasado y resolver las emociones que están acumuladas ahí para ver cómo las heridas destruyen una y otra vez el presente. El niño es ahora un adulto. El siguiente paso después del niño interior es aceptar que él o ella existe, pero sin usar las palabras o el concepto de cuando te pones emocional. Comienza a ver el fenómeno a un nivel de emoción y emocionalidad. Obsérvalo como pasado y presente, e intenta mantener al pasado fuera del presente. Separa conscientemente el amor de la emoción inconsciente y maneja tus sentimientos inexpresados como un tema aparte. Como hemos mencionado anteriormente, tomar responsabilidad directa de nuestras emociones representa un paso hacia la madurez.

De hecho, en nuestros seminarios les decimos a las parejas que la información de la emoción y los sentimientos es muy peligrosa, porque ahora conocen la ruta hacia la felicidad. Ya no pueden culpar a otros o a las circunstancias, ahora en cambio tendrán que resolver su pasado y los sentimientos inexpresados que están ahí. Si comienzan a lidiar con las emociones como emociones, empezarán a quemarse y gradualmente se irá reduciendo su identificación con ellas. Con el tiempo, descubrirán que las situaciones que antes detonaban su emoción ahora ya no les perturban, ahora sonríen y se retiran enamorados. Del niño interior que puede ser emocional, demandante, necesitado u obstinado, hay que retornar al niño interior que es adorable, irresistible y encantador.

ॐ

CAPÍTULO 9

COMENZAR A EXPRESAR LOS SENTIMIENTOS

EXPRESAR LOS SENTIMIENTOS aquí y ahora. Reconocer y trabajar con nuestras viejas emociones es tan sólo la mitad de la solución para nuestra emoción; la otra mitad es igual de importante: que es comenzar a expresar nuestros sentimientos ¡Aquí y ahora!, aprender a decirlos en el momento en que aparecen. Debemos expresarlos para evitar acumular más emociones, pues hemos descubierto que pueden regresar tarde o temprano. Desde la niñez no hemos sido alentados a expresar nuestros sentimientos, así que ahora tendremos que aprender el arte de hacerlo y llegar al corazón de ello. Necesitamos tener valor para mirar dentro de nosotros, para ser honestos y mostrar nuestro lado vulnerable:

debilidades, inseguridades, tristezas. Cuando los sentimientos son expresados en el momento al que pertenecen son "puros" y no contienen el peso de la carga tóxica que yace detrás de ellos. Los sentimientos pueden ser puestos a la luz de manera juguetona e inocente, sin necesidad de lastimar a nadie más.

Aceptación al decir "Yo siento"

Recuerda, los sentimientos hablan de uno mismo, mientras que las emociones hablan de otra persona. Asegúrate de no estar culpando a tu pareja al decir: "Tú siempre" o "Tú nunca". En los sentimientos estamos aceptando lo que experimentamos al decir: "Yo siento que...". Cuando somos capaces de dejar la culpa a un lado, es más fácil que nos conectemos con nuestra verdad interior.

Usar las palabras o el cuerpo

Para mantener la vida y el amor libres de la emoción debemos expresar nuestros sentimientos en cuanto surgen, mediante las palabras o el cuerpo. Frecuentemente, la comunicación verbal de lo que sentimos será suficiente. Pero otras veces quizá necesitarás mover tu cuerpo. Es genial seguir las necesidades del cuerpo, el impulso de brincar o de dar vueltas alrededor. Usa tu cuerpo para expresar el sentimiento interno. No te sientes inmóvil ni reprimas cualquier impulso de moverte, ¡muévete! Desplaza el sentimiento a través y fuera de tu cuerpo lo más pronto posible. No te enganches a tus sentimientos ni por un instante, a menos que te encuentres en una situación inapropiada. Muévete con el sentimiento que se eleva y no dejes que tu mente te detenga. Permite que tus lágrimas fluyan, que tu grito se exprese, brinca arriba y abajo, haz algo rápido.

Expresa los sentimientos mientras se elevan

Cuando somos capaces de captar en el momento exacto la raíz de sentimientos de enojo, tristeza, desesperación, frustración, éstos no tienen tan larga permanencia, quizá unos ocho segundos o un aproximado. El enojo que es captado en el instante se enciende como una llamarada y se apaga rápidamente con un grito largo y profundo.

Reglas rigurosas y rápidas sobre la expresión de la ira

¡Otra regla de oro! Hay unas cuantas reglas que acompañan a la práctica de la expresión consciente de la ira y no deben romperse bajo *ninguna* circunstancia. Si sientes enojo, *no* lo dirijas hacia tu pareja, aunque en la superficie tus emociones te convenzan de que él o ella tiene la culpa. *No* toques a tu pareja ni hagas *nada* para dañar su cuerpo físicamente ni siquiera dirijas tu mirada hacia él o ella. Voltéate y mira en dirección contraria dándoles la espalda y deja que un grito profundo emerja de tu estómago.

La frustración sexual es fuente de toda ira

Barry Long, una autoridad iluminada en espiritualidad y sexualidad humana de los tiempos modernos, quien ha sido mencionado previamente, nos informa que toda ira es resultado de la frustración sexual. Nuestras observaciones personales durante nuestros años de investigación sobre el sexo nos confirman que dice la verdad. La frustración sexual hace surgir la ira inexpresada de hombres y mujeres, ya que todos buscamos una unión dichosa, pero no sabemos cómo utilizar el cuerpo para crear un círculo de energía amorosa entre dos cuerpos.

La mayoría de la gente nos dice que después de un orgasmo convencional no hay un sentimiento profundo de satisfacción o plenitud dentro de ellos. La frustración sexual se acumula con los años y es guardada como emoción potencial. (Hay una explicación más detallada en *The Heart of Tantric Sex,* capítulo 10, Richardson) En varias situaciones de nuestra vida somos provocados fácilmente y derramamos nuestras emociones en forma de enojo, irritación, impaciencia, resentimiento.

Si sientes que te enojas fácilmente es una señal que indica que debes empezar a expresar conscientemente toda la ira que tienes acumulada. Para hacer esto, tómate un tiempo a solas en tu cuarto y empieza a mover tu cuerpo golpeando una almohada o un colchón. Déjate llevar por tu cuerpo, tu energía, tu voz (como se sugiere en el capítulo 7) durante una hora aproximadamente. Manifiesta tu tristeza, permite las lágrimas. Algunas veces es posible transformar la ira en su opuesto de tristeza subyacente. La tristeza expuesta desde su raíz no es un llanto prolongado de auto compasión, sino más bien una actitud desgarradora de tristeza que proviene del corazón. Las lágrimas y el dolor pasarán rápido y te sentirás refrescado y vivo. Algunas veces, será absolutamente necesario dedicar varias horas para descargar todas las lágrimas y la tristeza, como si estuvieras llorando por la humanidad entera. Es probable que tengas que hacer esto unas cuantas veces antes de sentirte totalmente vacío de la tristeza y el pesar contenidos. Después de estas experiencias siempre te sentirás más ligero, expandido, fresco y más conectado con la gente a tu alrededor. Las emociones crean oscuridad y aislamiento. Cuando expresas tus sentimientos creas luz y amor.

Expresa tu amor, comparte tu amor

La mayoría de las novelas y películas tratan del dolor y las tragedias de no obtener el amor que deseamos. Muy pocas retratan experiencias de amor que nos llenen de una dicha positiva. La vida y el amor serían mucho mejores si nos dijéramos unos a otros lo mucho que nos amamos, sin retenernos en nuestro miedo egoísta a la vulnerabilidad y la exposición. Cada vez que expresas tu amor, o eres una persona más amorosa, se fortifica la vibración de amor a tu alrededor, se expande y se esparce por tu vida. Te conviertes en una persona generosa, amorosa y no en una persona impredeciblemente emocional.

Los sentimientos, aunque sean de aprecio y amor, ¡también se vuelven agrios rápidamente si los reprimes! Después de evitar decir lo que sientes puedes observar que estarás un poco desconectado durante minutos u horas. Dile a tu amado que lo amas, comparte tu amor, no lo retengas. El amor es una cualidad natural e innata con la que nacemos. Lo único que tenemos que hacer es crear un pasaje para que nuestro amor fluya, hacia toda la gente que encontremos en nuestro viaje por la vida, no únicamente hacia la gente más cercana o querida para nosotros. Cuando caminamos por la calle podemos irradiar amor a todo el universo, mientras que no permanezcamos contraídos por el miedo hacia los demás. Cuando tememos, perdemos lentamente el contacto con la esencia de nuestro amor.

¡Asegúrate de no sentir lástima por ti mismo! Si al estar llorando o expresándote *también* te sientes una víctima de la situación al decir: "Pobre de mí". ¡Es una señal de que aún estás emocional! No estás realmente en contacto con el núcleo de tus sentimientos inexpresados. Algunas veces la mente repetirá la triste historia una y otra vez y las lágrimas la acompañarán en su excursión al pasado doloroso. Este tipo de alivio no es necesariamente una experiencia limpiadora o curativa. Sigue estando a nivel emocional y seguramente más tarde aparecerá algún signo de que la persona no se siente refrescada, ni mejor en lo absoluto. Frecuentemente, tendrán los ojos hinchados y cansados después de haber llorado tantas horas. Cuando las lágrimas son expresadas desde el nivel del núcleo de su ser, sus ojos usualmente se verán brillosos, y la persona será sutilmente radiante en su vulnerabilidad.

Lidiar con los celos

Las experiencias emocionales más comunes son enojo, frustración, impaciencia, tristeza, celos, abandono, desprecio, victimización, sensibilidad ante la crítica o la retroalimentación, búsqueda constante de afirmación. De cualquier forma, los celos son quizá la emoción más debilitante e insoportable que experimentan hombres y mujeres por igual. Los celos no son una expresión del amor hacia la otra persona como asumimos comúnmente. Los celos provienen del miedo de perder a una persona, se ocupan de poseer y controlar a la otra persona y no por garantizarles el derecho de vivir sus vidas. Los celos tienen sus raíces en la comparación, y las mujeres son instruidas entre ellas mismas, enfocándose especialmente en la belleza, el cuerpo y la atracción sexual. La comparación es una actividad inútil de la mente, ya que cada individuo es único e incomparable. Cuando estamos celosos decimos y hacemos cosas extremadamente inconscientes que pueden tener consecuencias negativas. En el momento en que estés celoso trata de quemar físicamente los celos tóxicos que se han apoderado de ti. Una vez que comprendas y experimentes el amor que reside en ti, tus celos asentados podrán empezar a disolverse, pero es como una hierba virulenta que necesita una buena extracción para perder su influjo.

Meditación para transformar los celos, el enojo, la tristeza, el odio, la posesividad

> No lo reprimas, exprésalo. Siéntate en tu cuarto, cierra las puertas, enfócate en los celos. Obsérvalos, deja que se inflamen lo más fuerte que puedan. Deja que se conviertan en una llama fuerte, quémate en ella y ve lo que es. Y no digas desde el principio que es fea, porque esa sola idea reprimirá los celos y no permitirá

la expresión total. Sin opiniones. Sólo intenta ver el efecto existencial de lo que son los celos, el hecho existencial. Sin interpretaciones, sin ideologías. Sólo deja que los celos permanezcan ahí. Mira profundamente dentro de ellos y haz lo mismo con la ira, la tristeza, el odio y la posesividad. Poco a poco verás que con sólo observar a través de las cosas empezarás a tener un sentimiento trascendental de que eres sólo un testigo; la identidad se ha roto. La identidad se romperá únicamente cuando te enfrentes con algo dentro de ti.

Osho, Enseñanzas transcritas,
Tao: The Pathless Path

Una persona del presente te ha "herido" en el pasado

Una situación como ésta puede ser delicada. Cuando te encuentras en una relación, fácilmente puede ser que esta misma persona haya actuado inconscientemente o en contra de tus intereses personales algunos meses o años atrás y ante esto tú hayas tenido una reacción. ¿Qué puedo hacer si esta persona hace algo similar otra vez y todas las emociones del pasado me abruman? Aquí es de más ayuda que reconozcas que a fin de cuentas es tu emoción y no puedes hacer a la otra persona responsable de ella. Si hubieras expresado en el pasado tus sentimientos verdaderos relacionados con el incidente, en el momento en que estaba sucediendo, la verdad es que ya no llevarías una carga emocional. Tu carga habría sido liberada porque habrías expresado en ese momento tus sentimientos asociados.

Si llegara a ocurrir una situación similar, entrarás en ella fresco y no precontaminado *por los sentimientos anteriores inexpresados*. Cuando se acumula la emoción, la carga se vuelve más tóxica y fuerte. Cuando hay una liberación consciente de la emoción, la carga y la presión se reducen. Tus detonadores se vuelven menos activos y el pasado es dejado atrás mientras te vuelves disponible para el momento presente que se está abriendo ante ti.

Vida libre de emoción entre parejas

Con un poco de práctica y compromiso es posible llevar una vida libre de emoción. Personalmente, llegaríamos tan lejos que diríamos que es extremadamente deseable una vida libre de emoción, una orientación que puede cambiar la calidad de vida de una persona. No es que podamos llevar una vida libre de emoción con toda la gente, pero con nuestra pareja definitivamente sí podemos tenerla. Con los amigos y las otras personas lo que puede resultar difícil es que ellos no vean la situación de la misma manera que tú. Los amigos y extraños no tienen la misma orientación en las emociones que tú y ciertamente ¡no puedes empezar a desvariar con ellos acerca de los estados inconscientes de emoción! Mucha gente no entiende por qué es tan infeliz, por qué el amor es tan difícil de mantener, por qué entran en conflicto todo el tiempo, por qué sus amistades duran a menudo tan poco tiempo. La solución para la infelicidad es aprender a colocar las emociones en el lugar correcto y no en los demás. Debes responsabilizarte de tu pasado cuando son detonadas las emociones por alguien en el presente.

La emoción puede causar adicción

Para muchos de nosotros una vida sin emoción puede sonar muy calmada y tranquila, quizá incluso aburrida y sin novedad. Las altas y bajas emocionales le dan sentido a la vid; sufrir, sentir lástima por ti y ser una víctima, es parte de la vida. Como mencionamos anteriormente, una persona se puede volver adicta a la intensidad de la emoción porque es una experiencia de "excitación", pero es de gran ayuda recordar que ésta no tiene valor por sí misma, simplemente demuestra que una persona tiene una personalidad emocional. Sin la emoción, que interrumpe continuamente el amor, las corrientes de los días y los meses se fusionan unas con otras, hay una sensación de eternidad, todo es fresco y simple. La relación no está sobrecargada de una serie de dramas que van marcando el territorio a nuestro paso, formando nuestro pasado.

La emoción crea pasado

Cuando observamos nuestras relaciones del pasado, en general, la tendencia negativa de la mente siempre se acuerda de series de momentos difíciles y emocionales, sin saber que los estamos arrastrando en cada paso que damos hacia adelante. Guardamos rencores, resentimientos, juicios, no nos perdonamos unos a otros, no mostramos nuestra vulnerabilidad por miedo a ser lastimados, no dejamos que nuestro amor fluya, guardamos el amor como mendigos, sin tomar en cuenta que "mientras más amor das, más amor tienes".

La emoción puede ir formando una cadena de reacciones, que van creando el karma, y que pueden influir en nuestro futuro de maneras poco benéficas. Cuando nuestras relaciones están libres de emoción, y llenas de amor en su lugar, no creamos dificultades y retos inconscientemente, que pueden rebotar y traernos infelicidad.

Aprender a soltar los gustos y disgustos es una herramienta útil que nos dio Barry Long. Date cuenta de cómo puede cambiar tu mundo de acuerdo a tus gustos y disgustos. Si te gusta algo estás feliz y todo está bien; si te disgusta te enojas porque las cosas no están saliendo a tu manera. Muchos enfados pueden causar que nos pongamos ligeramente emocionales y un poco cambiantes. Los gustos y disgustos indican que nos identificamos con la situación. Lo que requerimos es una atención menos selectiva, dejar de elegir, aceptar la situación *como es* sin identificarnos con nuestras preferencias. Si queremos relajarnos, la aceptación es el camino. Cuando negamos algo *que es* creamos conflictos y tensiones internas. Mientras más fuerte sea la identificación, más fuerte será la infelicidad.

Confidencia de una mujer

Otra de las cosas grandiosas de sus enseñanzas fue la diferencia entre emociones y sentimientos. Ambos estamos todavía trabajando duro en la parte de 'atrevernos a expresar nuestros sentimientos'. Algunas veces no me atrevo a expresarlos para minimizar el estrés que ya existe. Pero entonces mis resentimientos hacia el estrés salen de otras maneras, en agresiones, así que ¡no sirvo por completo si no digo lo que siento! Mi cabeza lo sabe, pero la pequeña niña que está dentro de mí aún tiene miedo de perder el amor que tanto necesita.

Durante la tercera vez que fuimos a su seminario tenía una hermosa liberación por dentro. Me dio un gran dolor en la vagina o útero un poco antes de mi periodo, generalmente nunca lo tengo. Tuve que despertar a mi esposo y pedirle que introdujera su pene y lo dejara ahí quieto. Esperaba que algo de la tensión se disolviera, como hemos aprendido con ustedes sobre el poder curativo del pene. Empezamos a platicar del dolor y en algún momento dije: "cargo este dolor con orgullo". "¿Por quién?" preguntó mi esposo, e instantáneamente respondí: "Por mi padre, claro". Mi esposo dijo: "Pero tu padre no te está viendo, no le interesas, ¡y de todas maneras cree que estás loca!" Todo lo cual es cierto. Me di cuenta de que mi niña interior aún hacía todo lo que podía para ganarse el cariño de su padre, porque no pudo alcanzarlo con su gran amor hacia él cuando era pequeña. Así que tomé la almohada entre mis brazos (haciendo frente por mi niña pequeña) y finalmente lloré por ello. Las lágrimas y los lamentos lavaron la creencia de que mi amor no tenía una oportunidad (porque no la tenía en ese entonces).

Esta creencia me llevaba a desmantelar sutilmente al amor cuando se aparecía, con un poco de crítica por aquí y algo de agresión por allá. Parece que hice eso para volver a experimentar la desilusión de no alcanzar a alguien con mi amor, lo cual me fue sumamente abrumador cuando era una niña y me dejó sintiéndome muy sola. Después del llanto y de reconocer lo que me estaba indicando, el dolor de mi vientre comenzó a irse lentamente, ahora soy muy cuidadosa en darle una oportunidad verdadera al amor, especialmente con mi esposo y mis hijos.

Confidencia de una mujer

Yo me conecté con mi propia herida de rechazo. He estado en ella durante días, con dolor y pánico, sin ser capaz de ver mi camino; es como una regresión. En este momento estoy de nuevo en las edades de siete y once años, reconociendo lo mucho que se ha abusado de esta pequeña flor. Siento compasión por mí, por mi pareja, toda la inconsciencia... de las heridas. He rechazado a los demás, especialmente a los hombres. Todo ha sido una proyección, lloré por horas.

Confidencia de una mujer

Todas las heridas parecen estar en el corazón, todas sobre el dar y recibir amor. Cuando hay mucho rechazo, me cierro a recibir amor y no creo que mi amor sea valioso para un hombre.

Confidencia de una mujer

Tuve que abandonar muy temprano la idea de que soy una mujer muy jodida y lastimada. Desengancharme de lo emocional, una y otra vez, es una delicia.

CAPÍTULO 10

EL SEXO Y LA EMOCIÓN

El sexo nos libera de las tensiones contenidas

USAMOS INCONSCIENTEMENTE EL SEXO para liberarnos de la tensión de nuestras emociones. El orgasmo, con su rápido torrente de excitación en forma de clímax placentero, también actúa como una descarga emocional de tensión. El orgasmo disminuye el nivel de la tensión emocional, como la válvula de una olla express, que deja salir el vapor poco a poco. En las fuentes de emoción del capítulo 6, mencionamos que el sexo es uno de los factores que contribuyen. El sexo puede ser fuente de la emoción y ser usado para liberar la tensión superficialmente. De esta manera, dos procesos se involucran durante el sexo: por un lado, debido al alto grado de excitación, la tensión es depositada en el organismo, lo cual puede causar eventualmente un incremento en el nivel de emoción; por otro lado, durante el orgasmo liberamos tensiones que hemos recolectado y guardado anteriormente. Por supuesto que no guardamos ni liberamos estas emociones intencionalmente, pero lo hacemos como resultado del tipo de estimulación sexual que practicamos en nuestra sociedad. Nuestro "carácter sexual" se desarrolla inconscientemente, no somos conscientes de su poderosa influencia, pero lenta y seguramente somos influenciados y amoldados por las ideas que prevalecen a nuestro alrededor, ya que reflejamos esos condicionamientos o comportamientos sexuales en nuestra vida adulta.

Las mujeres, al igual que los hombres, tienden a liberar tensión durante el orgasmo, porque han aprendido y han sido condicionadas a no mostrar sus sentimientos, dando como resultado un alto nivel de estrés emocional. Los hombres tienen la misma cantidad de sentimientos que las mujeres; sin embargo, uno ve las lágrimas y la vulnerabilidad como una debilidad, y los hombres que las muestran son vistos como afeminados. El resultado de esto es que los hombres son obligados tanto a descartar y reprimir sus sentimientos, como a ser insensibles e indiferentes con respecto a sus necesidades y sensibilidades.

La eyaculación masculina puede conducir a una forma negativa de relajación

La mayoría de los hombres experimentan una especie de relajación al eyacular porque liberan semen (que representa una enorme potencia y fuerza vital) y parte de la tensión de sus sentimientos reprimidos o emociones. De cualquier forma, el tipo de relajación que usualmente describen los hombres, no tiene nada que ver con la verdadera experiencia de relajación. Lo que experimentan usualmente los hombres es una "relajación negativa", debida a una especie de alivio que se siente en el organismo, como si un gran peso que estaban cargando fuera descargado temporalmente.

Pero lo que efectivamente sucede en la relajación verdadera es una experiencia de fortalecimiento, de más vitalidad y amor. Es raro que un hombre pueda decir que se siente refrescado y aun más enamorado después de eyacular; es posible, pero no muy común. En cambio, muchos hombres reportan que se sienten cansados, un poco vacíos y enajenados, y que prefieren voltearse y dormir.

Eyaculación habitual inconsciente contra la eyaculación consciente

La eyaculación en sí no es cuestionada. La eyaculación es sin duda un proceso biológico impresionante y necesario. La cuestión aquí es el cómo se eyacula. Y es verdad que básicamente los hombres eyaculan como un hábito; como todos los demás hábitos, éste refleja un nivel de inconsciencia. Quizá sea posible que la inquietud de los hombres, de su arrojo y deseo de sexo, tenga más que ver con la liberación de su tensión emocional, que con el sexo como tal. Se crea un círculo vicioso de deseo y liberación de energía, y una persona puede encontrarse en un circuito sin siquiera experimentar un estado feliz de culminación y plenitud.

Si la eyaculación no se vuelve una cuestión de rutina, y en cambio se vuelve una decisión consciente, no será acompañada de cansancio y no se desatarán emociones como resultado. Quedarás totalmente relajado y presente, le dirás a tu pareja lo que está sucediendo y acompañarás la experiencia en todo momento sin forzarla, relajándote dentro de ella. Después de una eyaculación consciente puede haber un sentimiento de expansión y vitalidad. La experiencia de la eyaculación convencional es descrita comúnmente como una fuerza abrumadora que no puede controlarse voluntariamente, sobre la que no se tiene ningún poder.

La mujer puede absorber las tensiones masculinas

Con la eyaculación y/o la relación agresiva, el hombre deposita, sin saberlo, las vibraciones de sus emociones en la mujer. La carga negativa es transmitida a la mujer porque en la dinámica entre el hombre y la mujer, ella representa el recipiente (ver *Tantra amor y sexo* y *Orgasmo tántrico para mujeres*), la parte que absorbe y recibe. La tensión emocional que la mujer puede adoptar del hombre se suma a su propia emoción física.

Las tensiones guardadas en la vagina pueden "brincar-incitar" eyaculaciones. Mediante la estimulación sexual (mayormente del clítoris) la mujer libera tensiones en la forma de un arrollo intenso que se precipita hacia abajo en una excitación sexual. Esta descarga de emoción hace que el hombre eyacule de la nada, a menos que se encuentre inusualmente presente y centrado. Las tensiones emocionales que se guardan en la vagina, especialmente alrededor del útero, se empiezan a activar con una fuerte estimulación e incitación. Ésta fuerza, que ahora está cargada, "jala" la eyaculación del hombre. Algunos hombres no pueden creer lo rápido que se vienen; Lo describen como una especie de oscuridad, que los lleva a una dirección a la que no querían ir, pero ante la cual se tienen que rendir como si estuviera fuera de sus manos. Esto explica por qué cuando una mujer alcanza el clímax el hombre eyacula tan sólo unos minutos después.

Verdadera autoridad masculina en el sexo

El hombre descubre la verdadera autoridad masculina al hacer más importante para él el amor que el sexo, y al mantener alejadas a las emociones de su expresión sexual. Para que el hombre pueda quemar la emoción inherente es de gran ayuda ejercitarse a diario. Durante siglos nos hemos ido enajenando de nuestros cuerpos; la mayoría se sienta en el trabajo y, generalmente, no realiza alguna actividad física. Los días de la caza y la recolección, de ir a buscar agua y recolectar leña se han terminado para la mayoría de nosotros. En estos tiempos, con nuestro limitado movimiento físico, no logramos quemar diario nuestras tensiones de manera natural.

En lugar de eso, las tensiones internas nos guían hacia el resentimiento, la necesidad de siempre "hacer", la inhabilidad de relajarnos y mantenernos presentes en el momento actual. Claro que será un reto mayor el empezar a liberar las emociones a un nivel consciente, que hacerlo a través del sexo. Con éste la descarga es una experiencia placentera, mientras que caminar no es tan fascinante ni tentador.

Cuando el nivel de estrés y emoción es reducido, el hombre es capaz de estar más presente durante el sexo, lo que aumenta su habilidad para hacer el amor durante más tiempo. Es capaz de decidir conscientemente cuándo eyacula, ya que no sucede sin su voluntad. Al hacerse responsable de sus emociones y mantenerlas fuera del sexo, el hombre puede redescubrir su verdadero potencial masculino.

Al principio puede parecer una gran pérdida el no recibir una "recompensa" del sexo, de cualquier forma aquél que toma la responsabilidad gana una nueva libertad interior, que es la otra cara de la moneda. Con la responsabilidad, ganas la libertad de expresarte con intención, es lo opuesto de actuar por hábito. En lugar de ser desgarrado por la emoción de vez en cuando, te conviertes en un ser humano amoroso, te elevas de los ciclos de inconsciencia que han ido pasado de generación en generación. La vida gana una calidad totalmente nueva cuando los genitales se usan para el amor, y no únicamente para la gratificación.

Si los genitales son usados exclusivamente para el servicio del amor, para lo cual cumplen su más alta funcionalidad y diseño, entonces se vuelven literalmente "órganos generativos", y el sexo un acto que genera vitalidad, por lo tanto, la reproducción es tan sólo una parte de la función de la interacción sexual. Con una nueva comprensión de los genitales, de acuerdo con su polaridad intrínseca de masculino-femenino, es posible darle al amor una nueva expresión. Estos no son sueños para el futuro; más bien, posibilidades del aquí y el ahora, y con la persona que te encuentras en este momento. Aprendemos a contener la energía y expandirnos con ella, disolvernos en ella. Con la responsabilidad de nuestras emociones, tenemos una oportunidad única para determinar libremente nuestros encuentros sexuales-sin limitaciones e independientemente de nuestras experiencias pasadas.

El sexo tántrico reduce nuestro nivel de emocionalidad

Cuando un hombre y una mujer empiezan a hacer el amor conscientemente, como está descrito en *Tantra amor y sexo*, y empiezan a evitar el sexo "emocional", hay un cambio notable e inmediato en el estado emocional de la mujer: se siente más abierta, amorosa, amada, serena y contenta; no tan delicada, susceptible ni fácil de molestar (bajo nivel emocional). En lugar de regañar, quejarse y encontrar fallas en su hombre, se siente amorosa y amada.

Las mujeres en nuestros seminarios nos han reportado diferentes experiencias internas al cabo de dos o tres días de haber cambiado su manera de hacer el amor. Los hombres también reportan un cambio positivo en su estado emocional: son menos irritables, inquietos, agresivos; se sienten más centrados, compenetrados en sus cuerpos, presentes y conscientes, relajados y amorosos.

Es una opción más retadora porque requiere de nuestra atención y nuestra conciencia, debemos hacer un esfuerzo conjunto y consciente. De cualquier modo, hay una necesidad humana extrema de volver al cuerpo y quemar la emoción (como se describe en las reglas de oro); así que la experiencia sexual puede regresar a su expresión pura y natural.

La emoción no detectada puede guiar al abuso sexual

El intercambio sexual en su pureza, libre de la emoción y excitación, es definitivamente una fuerza curativa que se mueve hacia arriba en el cuerpo. Existe una gran confusión en cuanto al porqué el sexo puede ser tan bueno o tan malo, tan hermoso o bestial, y cómo puede ser que la constelación de los mismos elementos (los genitales) pueda tener expresiones tan diferentes.

El sexo es como un caleidoscopio donde cada vuelta presenta figuras y diseños totalmente diferentes, pero tan lejos como al sexo le concierne, desafortunadamente no todas las visiones son igual de hermosas. Nuestra impresión personal es que la emoción inconsciente no detectada es la responsable de todos los tipos de abuso, agresión y violencia sexual. La tensión de los sentimientos reprimidos puede transformarse en altos niveles de deseo, el anhelo de estimulación sexual y excitación. El estímulo sexual intenso también puede motivar al cuerpo emocional de una persona a la expresión, lo cual fácilmente puede tener consecuencias destructivas.

CAPÍTULO II

LOS NIÑOS Y LAS EMOCIONES

Mantén las emociones alejadas de los niños

ES ALTAMENTE RECOMENDADO que los padres no exhiban sus emociones delante de sus hijos, porque tal vez es la peor educación que pueden recibir. No discutan ni peleen cuando estén en su compañía, ya sea que estén manejando, comiendo, o haciendo cualquier otra actividad. Si es posible, resuelve después la emoción con tu pareja y definitivamente no tengan una confrontación emocional enfrente de ellos. Si *no* te es posible limpiar tu estado emocional antes de verlos, sé muy consciente de no descargar o derramar tu emoción en ellos. El derrame de emoción puede suceder mediante muestras de irritación e impaciencia y al decir palabras que contengan un dardo escondido en ellas.

La ausencia de amor provoca miedo

El amor es un nutrimento esencial para un niño y está catalogado en el mismo nivel de significación junto con la comida real, como se mencionó previamente. Cuando hay vibras tóxicas de sentimientos emocionales negativos entre los padres, en lugar de un ambiente amoroso, el niño se encogerá de miedo y experimentará el hogar como un "lugar peligroso", asumirá una tensión interna y perderá la relajación y conexión con su esencia interna de amor. Entonces, el niño creará defensas para protegerse y desarrollará ciertas estrategias para obtener amor o ponerlo a prueba. Usualmente este proceso incluirá la represión de los sentimientos verdaderos, el comportarse correctamente y el complacer a los demás para sobrevivir, dejando una vida de espontaneidad y dicha. El resultado final puede ser el de un niño necesitado, que consume todo nuestro tiempo, demandante y a menudo infeliz. Lo más seguro es que el niño eventualmente se convierta en un adulto emocional.

Los niños imitan las emociones de sus padres

Muchos de nosotros somos emocionales simplemente porque presenciamos (y sentimos las vibraciones negativas) a nuestros padres ser emocionales entre ellos cuando éramos niños. Imitamos los comportamientos de nuestros progenitores, de la misma manera que los hijos imitan la manera de pararse, sentarse o caminar de su padre o madre.

Un ejemplo: Hace un tiempo éramos los únicos clientes de un supermercado italiano y experimentamos, en primera fila, la demostración de un comportamiento emocional de un niño pequeño que obviamente estaba imitando a alguien. Su madre nos estaba atendiendo cuando él entró y hubo un corto intercambio entre ellos. Inesperadamente, el niño de no más de ocho o nueve años de edad, se volteó hacia su madre y empezó a gesticular salvajemente, gritándole de una manera irrespetuosa y poco amorosa durante un buen rato. Al principio la mamá se quedó en *shock*, después trató de hablar, pero rápidamente se rindió; simplemente bajó la cabeza apenada y continuó cortando el queso silenciosamente. Lo que fue extremadamente obvio para nosotros, y le sonó tan claramente a ella como una campana, fue que su hijo se estaba comportando exactamente como su esposo. El hijo había presenciado varias veces cómo el padre le hablaba de manera abusiva a su madre y lo estaba imitando. Inadvertidamente, el hijo había aprendido de su padre a comunicarse con su madre de esa manera y finalmente con todas las mujeres. Ningún niño de esta edad le hablaría nunca a su mamá de esta manera, a la persona que lo conforta, lo ama y lo cuida, a menos que haya visto que algo así sucediera frente a sus ojos.

La emoción heredada a través de generaciones

Heredando la emocionalidad de nuestros padres, inconscientemente pasamos el comportamiento emocional a las siguientes generaciones. Un niño que crece con impresiones negativas de cualquiera de sus padres puede ser influenciado por el resto de su vida. Todas sus relaciones, especialmente las íntimas, serán difíciles de mantener. Durante nuestros seminarios las parejas con hijos a menudo vienen y nos comparten que se sienten muy tristes al ver cuanta emoción han descargado inconscientemente en sus hijos y lo poco conscientes que han sido de sus propios sentimientos internos irresueltos. Todos crecemos pensando que el ejemplo emocional que vemos a nuestro alrededor es la manera apropiada de comunicarnos y relacionarnos entre nosotros.

Los niños tienen respuestas positivas ante una menor emoción

En cuanto a lo que concierne a la emoción, nunca es demasiado tarde para afrontarla. Los padres también nos reportan que en cuanto empiezan a hacerse responsables de sus emociones, el nivel de armonía y amor en la casa aumenta. Los niños sienten inmediatamente que "el amor está en el aire", que hay una ausencia de tensión o carga emocional en sus padres. Un niño es infinitamente sensible y capaz de detectar la relajación y el amor entre sus mayores, y se relaja como consecuencia de esto.

Las parejas de nuestros seminarios reciben una ventaja adicional al hacer el amor con mayor frecuencia, no sólo de vez en cuando, al hacerlo apoyan indirectamente al ambiente familiar. Cuando hay amor floreciendo entre ellos bañan a los niños con amor y satisfacción. Hay una corriente de amor en toda nuestra vida.

Sentimientos de abandono en la niñez

Un tema muy común, que la mayoría de nosotros llevamos en nuestra vida adulta, es la dolorosa herida del abandono, mencionada en un capítulo anterior. En algún momento de nuestra vida, entre los cinco y siete años, la mayoría de nosotros hemos tenido el sentimiento de que nuestros padres nos abandonaron, nos olvidaron, que no nos amaban y no volverían nunca más a casa, aun teniendo la seguridad de un techo y de tres comidas al día. La mayoría de los niños sienten que los padres no tienen suficiente tiempo ni amor para ellos y que frecuentemente se les deja solos o se le encarga a otra persona su cuidado. De esta experiencia subjetiva de la niñez (y por lo tanto cien por ciento real) terminamos siendo seres lastimados y rechazados, cargados de dolores del pasado.

Pregúntale a cincuenta personas si realmente se sintieron bienvenidos y amados por sus padres y 99 por ciento de ellos te responderá que no. Regularmente, preguntamos esto en nuestros talleres y es raro que alguien declare que realmente se sintió bienvenido y amado por sus padres; no es común encontrar a un niño que haya sido concebido con claridad e intención. Los sentimientos inexpresados relacionados con el abandono y el rechazo se convertirán en obstáculos para el resto de nuestra vida. Nos sentiremos abandonados por nuestro amante por las razones más insignificantes, y el patrón continuará aunque cambiemos de pareja. El sentimiento de abandono continuará apareciendo hasta que bajemos hasta el nivel de expresar nuestros dolores originales de la niñez.

Confidencia de una mujer

> La información acerca de separar al amor de la emoción me ha ayudado mucho en los últimos años. Amo a mis hijos con todo mi corazón. Recuerdo muy bien cómo perdía el control una y otra vez de cualquier forma y les gritaba; después me sentía muy culpable. Mientras más hago el amor con mi esposo, esto sucede menos. Hoy casi no puedo recordar cuándo fue la última vez que sucedió. Creo que el gritarle a los niños era una descarga de mi frustración y de mantener guardadas las emociones, realmente no tenía nada que ver con ellos; me descargaba ahí porque los niños son muy directos. Me doy cuenta de que mi necesidad de cambiar a mi esposo y de criticarlo depende de si estamos en el espacio de 'hacer el amor' o no. Mientras hacemos el amor es como si nos zambulléramos en otro espacio, al terminar, este último dura todavía un tiempo; es un lugar en donde lo amo por todo lo que tiene, es como dar un paso fuera de la dualidad, sin tener la necesidad de juzgar. Seguramente es porque en este espacio me amo a mí misma y me siento amada por todo lo que soy.

Aquí hay un ejemplo muy triste del poder destructivo que tiene la emoción inconsciente, pertenece a *Los cuatro acuerdos* de Don Miguel Ruiz:

> Había una mujer inteligente y de buen corazón. Tenía una hija que adoraba y amaba mucho. Una noche llegó del trabajo después de un mal día, llena de ten-

sión emocional, y con un terrible dolor de cabeza. Ella quería paz y tranquilidad, pero su hija estaba cantando y brincando felizmente. La hija no se daba cuenta de cómo se sentía su madre, ella estaba en su propio mundo. Se sentía de maravilla, y empezó a brincar y cantar cada vez más fuerte, expresando su alegría y amor. Estaba cantando tan fuerte que hizo que empeorara el dolor de cabeza de su madre. En cierto momento, la mamá perdió el control. Volteó enojada hacia su hija y le dijo "¡Cállate! ¡Tienes una voz horrible, qué no puedes callarte!"

La verdad no era que la voz de la niña fuera horrible, sino la intolerancia de la madre. Sin embargo, la niña creyó lo que su madre le dijo, y en ese momento hizo un acuerdo con ella misma. Después de esa vez no volvió a cantar, porque creía que su voz era horrible y que molestaría a cualquiera que la escuchara. Se volvió tímida en la escuela, si le pedían que cantara se negaba. Aun el hablar con los demás se volvió difícil para ella. Todo cambió porque ella creía que debía reprimir sus sentimientos para poder ser aceptada y amada. Cuando escuchamos una opinión y la creemos, hacemos un acuerdo y se convierte en parte de nuestro sistema de creencias. Esta pequeña niña creció, y aunque tenía una voz hermosa, nunca volvió a cantar. Desarrolló un complejo completo a partir de un comentario hecho por la persona que más la amaba: su madre.

CAPÍTULO 12

HABILIDADES PARA COMUNICARNOS Y RELACIONARNOS

DESCUBRIR QUE PODEMOS hacer algo para que el amor sea más fácil hace una gran diferencia en nuestras vidas. No estamos indefensos en una situación donde hemos actuado inapropiadamente o hemos lastimado a alguien sin intención. Ahora tenemos una herramienta básica en nuestras manos, "la conciencia". Ser conscientes de lo que ocurre en nuestros sentidos y de cómo nos afecta en el presente. Mientras más claros estén nuestros sentidos (relacionados con nuestro cuerpo en el aquí y el ahora) más estaremos conscientes de *cómo* somos afectados en el presente. Mientras más claros sean nuestros sentidos, más capaces seremos de *dar* y *recibir* información como es, lo contrario de actuar desde el pasado donde se encuentran nuestras emociones. A continuación hay unas cuantas sugerencias que pueden ayudar a mantener una relación amorosa.

1. La intención detrás de tu comunicación

Sé consciente de qué palabras salen de tu boca. Pregúntate qué, cómo y por qué dices lo que estás diciendo. Piensa antes de hablar, busca la intención detrás de tus palabras: "¿Estoy usando estas palabras para lastimar o vengarme? ¿Qué estoy diciendo? ¿Es asunto mío? ¿Está relacionado con el presente? ¿Es algo del pasado? ¿Qué es lo que realmente quiero decir? ¿Estoy derramando mi emoción en la otra persona por la manera en que lo estoy diciendo? ¿Las palabras que estoy diciendo están cargadas de emoción negativa o son palabras que vienen de mi corazón?" Evita definitivamente los "dardos emocionales" o los comentarios hirientes que contengan una carga especialmente diseñada para provocar. La otra persona puede "cachar" fácilmente la negatividad y reaccionar ante ella. Puedes acabar en un drama emocional a causa del contenido oculto en tus palabras. Sentirás un poco de alivio al descargar tu emoción, pero es a expensas de la otra persona y ahora ha sido infectada con tu negatividad. Si notas que estás derramando emoción mandando "dardos emocionales" hacia tu pareja, inmediatamente toma la responsabilidad al admitirlo.

2. Acepta a tu pareja como es

La amas como es o no la amas. No trates de cambiar a tu pareja para que se ajuste a tu idea de cómo debe ser una persona ideal. Si quieres relajarte y mantenerte en el amor, la aceptación es la única manera. En el momento en que negamos algo de la otra persona, estamos negando la misma parte de nosotros mismos. Toda negación y falta de aceptación crea tensión. Al decirle "no" a la situación nos ponemos tensos y emocionales, al decirle "sí" y aceptar las cosas como son, podemos relajarnos y disfrutar de la vida.

3. Escucha y habla desde el corazón, no desde la mente

Escucha lo que te está comunicando tu pareja con un corazón abierto y aceptable. No te apures a responder, justificar o defenderte. En cambio continúa abierto y escucha, sé receptivo, interésate en lo que es, invita al otro a abrirse y compartir más. La mayoría de las personas están tan envueltas en sí mismas que son incapaces de escuchar. Escuchar es una cualidad muy rara, y encontrar una persona que realmente escuche tus palabras es un regalo.

4. Expresa tus necesidades, pide lo que quieres

A menudo nuestras emociones se activan cuando nuestras "necesidades" no son atendidas. No esperes que tu pareja adivine lo que quieres, lo que necesitas y cuándo lo necesitas. Tenemos más oportunidades de recibir lo que necesitamos si lo pedimos claramente. Para muchos de nosotros es un reto reconocer nuestras necesidades, aun en los asuntos más simples, porque el ego y el orgullo pueden interponerse fácilmente en el camino de exponer nuestras debilidades, inseguridades y vulnerabilidades.

5. Habla sobre ti y no sobre la otra persona

Si estás hablando acerca de la otra persona, pregúntate "¿Es asunto mío?" Mientras más te mantengas en tus propios asuntos, más fácil será encontrar la felicidad juntos. Evita decir "Siento que tú..." o "Tú siempre..." o "Tú nunca...".

6. Expresa lo que sientes

No temas que la otra persona te rechace por compartir tus sentimientos más profundos, por ser honesto y verdadero. Cuando los sentimientos son expresados, en su pureza, te comunicas directamente de corazón a corazón y "tocas" a la otra persona. Usualmente responderán a ese "toque" abriéndose, no cerrándose. Y tú te sentirás más expandido y ligero, así que el expresar cómo y qué sientes es un riesgo que vale la pena tomar. (Ver Marshall Rosenberg, *Nonviolent Communication*, p. 44, vocabulario para extender la capacidad de identificar y expresar sentimientos).

7. Habla sobre el momento presente

Habla de lo que sientes en tu cuerpo, tu corazón y tu alma, y no lo que ocurre en tu mente, el parloteo de tus pensamientos. La mayoría de nosotros estamos usualmente ausentes del momento presente porque estamos "ocupados pensando", lo cual implica que raramente estamos involucrados o enraizados con nuestros sentidos en *este* preciso momento. Cuando hablamos del presente, naturalmente nos referimos al cuerpo, al corazón o al alma como puentes hacia el presente donde podemos descubrir nuestros sentimientos y sensibilidades.

8. Deja el pasado en el pasado

Evita reciclar tus historias pasadas o situaciones difíciles. Una vez que se terminan se terminan. La emoción es una tensión que ocasionará que arrastres infelicidad al presente, así que asegúrate de expresar cualquier sentimiento que hayas retenido relacionado con el pasado, para que la carga, tensión o infelicidad puedan abandonar tu sistema. Evita hablar de tus amantes anteriores, esto trae consigo comparación y celos que pueden prender la chispa de la emoción. Habla de tus relaciones formales del pasado sólo si estas siendo constructivo y te refieres a una visión o aprendizaje que tuviste sobre ti a través de ellos.

9. Desarrolla tu sentido del humor

El humor es la capacidad de reírse de uno mismo, la habilidad de no tomarse tan en serio. El humor demuestra que una persona no se identifica con *lo* que es. En cambio puede cambiar la situación de manera que la risa sea a costa suya. No se ríen de los demás, sino con los demás. En cuanto más distancia tengas de ti mismo, mayor será tu sentido del humor. Una persona emocional generalmente carece de sentido del humor. Son sensibles ante todo lo que se dice o hace de ellos, reaccionan ante los demás en vez de responder. La falta de humor es otro síntoma de la emoción.

10. No te tomes nada personal

Cada persona vive en su propio mundo, con sus problemas. No tiene nada que ver contigo. Esto es algo muy importante que debes recordar cuando tu pareja se pone emocional. Cualquier cosa hiriente que te dicen, realmente no la emiten desde el fondo de su corazón, no te lo tomes personal. Recuerda que las observaciones emocionales son venenosas y haz todo lo posible para no ponerte emocional a causa de la emocionalidad del otro.

11. Una persona no puede llenar todas tus expectativas

La pareja que tienes no es responsable de llenar todas tus necesidades y expectativas. Otras personas en tu vida podrán hacerlo también, por ejemplo: si te gusta que te den masaje y a tu pareja no le gusta dártelo, entonces ve con un masajista en vez de molestarte y quejarte de sus deficiencias.

12. Nunca le digas a tu pareja que está emocional

A menos de que tengas algún acuerdo con tu pareja para avisarse amorosamente cuando surjan las emociones. Como mencionamos anteriormente, es más fácil reconocer las emociones de tu pareja que las tuyas, así que como regla general, *nunca* le digas a tu pareja que está emocional. Aun el decirle a tu pareja que está emocional, es ser indirectamente emocional de tu parte. Es muy recomendable que te mantengas alejado de los asuntos de tu pareja y te enfoques en los tuyos.

13. Separa la vida familiar de la vida laboral

Si trabajan juntos durante el día, no se lleven el trabajo a casa. Mantengan su tiempo juntos libre de asuntos de trabajo. Si hay algo importante que tratar, entonces hagan una cita especial para hacerlo. Y cuando se acabe la junta, dejen de hablar del asunto o experiencia. Platicar de cosas distantes del momento presente en el que se encuentran juntos, los mantiene separados.

14. Eviten hablar constantemente de sus hijos

Los padres a menudo hablan sin cesar de sus hijos, lo que han dicho o hecho, esto hace que su enfoque se aleje de ellos como amantes, o como pareja. Se toman muy poco tiempo para compartir o expresarse de ser a ser. Hablen de ustedes, en vez de hablar de sus hijos. Los niños se benefician enormemente de un ambiente amorosamente relajado en casa, cuando sienten una cohesión entre sus padres, así que es importante enfocarse en ustedes, y no sólo en los hijos.

15. Usen el silencio como comunicación

Acostúmbrense a "compartir el silencio" como una manera de estar juntos; empiecen a reconocer la calidad del silencio, su profundidad, su sonido, su música, valórenlo como una forma de comunicación entre el mundo interno de cada uno. Frecuentemente, las parejas llenan los silencios con pláticas acerca de cosas irrelevantes, como un hábito o porque encuentran inconfortable al silencio. Mediante la plática continua podemos perder fácilmente nuestra conexión con el presente y con el amor.

16. Evita irte a dormir cuando estás emocional

Si tienen una pelea es mejor resolverla antes de irse a dormir, si es posible. Problemas o emociones irresueltas pueden ocasionar que tengas un sueño intranquilo y que te levantes poco fresco y quizá más emocional.

17. Evita los chismes

El chisme puede ser una manera de descargar la emoción a un nivel sutil y debe evitarse. Por lo general es un poco venenoso y no muy amoroso.

18. Usa el tacto para comunicar tus sentimientos

A través del tacto podemos comunicar nuestro amor, las manos son una extensión del corazón. No te recargues únicamente en las palabras para mantenerte en el amor, pasen tiempo estando juntos en silencio. Una persona emocional puede a menudo ser "difícil de tocar", quizá demasiado sensible, se queja de que tu tacto los lastima, aunque éste sea muy gentil. Los sentimientos o emociones inexpresados que guardadas en el cuerpo a menudo se experimentan o se perciben como dolor físico.

Una persona que está viviendo una depresión o una emocionalidad de baja intensidad se puede beneficiar de un masaje. El tacto conecta el cuerpo a un nivel celular que actúa como un puente hacia el momento presente, donde más fácilmente se puede experimentar una sensación de bienestar.

19. Evita hacer el amor cuando estés emocional

Cuando estás en una emoción intensa lo más sabio es no hacer el amor. Uno de los resultados de la emoción es que puede provocar excitación sexual, lo que puede alentarte a acabar el sexo con una descarga convencional de emoción, y por lo tanto inconscientemente crear más tensión. Cuando la emoción nos causa excitación se vuelve un gran reto permanecer en el presente, conscientes, como se requiere en el sexo tántrico. A través del sexo emocional, como se explicó anteriormente, depositas tensión en el organismo e inadvertidamente plantas las semillas para la siguiente pelea.

CAPÍTULO 13

EXPERIENCIAS PERSONALES

Ocho confidencias auténticas después de haber aprendido la diferencia entre emoción y sentimiento

VARIOS DE LOS TEMAS que hemos tratado en los capítulos anteriores han sido puestos en práctica mediante las experiencias personal de parejas que han asistido a nuestros seminarios de Making Love. Algunas de estas confidencias se referirán al sexo porque muchos de los contribuyentes han estado experimentando el sexo tántrico en tándem con una consciencia acrecentada de sus estados emocionales.

1. Confidencia de una pareja sobre su experiencia:

La mujer: La distinción consciente entre el sentimiento y la emoción fue un gran descubrimiento para mí. Pero lo más importante es que sé que mi pareja y yo compartimos la misma información. Siento que su comprensión y nuestra conciencia nos ayudan a enfocarnos en la solución en problemas agudos. He aprendido a expresar mis sentimientos, fue de gran ayuda para mí saber que éstos se vuelven emociones; saberlo me motivó, ya que no quiero acumular más basura. He obtenido un gran beneficio del esfuerzo físico que hago después de que las emociones han aparecido: hago mucho ejercicio. Frecuentemente reflexiono en el origen de mis emociones y he encontrado muchas respuestas: la fuente de la emoción reside mayormente en la niñez y etapas tempranas de mi vida. Estos descubrimientos me han ayudado a lidiar conmigo misma y también en conexión con otras personas. Hacer el amor regularmente es de gran ayuda especialmente en mi relación, ya que después me siento muy bien, centrada y con ganas de manejar mi vida completa de una mejor manera, soy menos emocional.

El hombre: En primer lugar, en el momento que algo surge es difícil darse cuenta de que probablemente estoy emocional; en segundo lugar no es fácil decir: 'Estoy emocional'. Pero ahora me es más sencillo digerir mis sentimientos sin herir a mi pareja. También es importante que ya no intento comprender lo que está sucediendo, sino que simplemente lo acepto y lo desprendo. Me siento fuerte en esos momentos porque ya no estoy a la merced de las explosiones y del daño.

2. Una mujer que escribió unos meses después del seminario:

Quiero compartir algo acerca de mis emociones con ustedes. En mi relación yo me enfrento al problema de que me cierro en cuanto pierdo la atención de mi compañero, creyendo que él no me ama de verdad. Después acostumbro pretender que no necesito su atención y que puedo ser igual de feliz sin él. Lo empiezo a rechazar para castigarlo por no haber sido lo suficientemente bueno conmigo.
Por supuesto, algunas veces él se siente herido, pero en ocaciones está alerta y se queda consigo mismo. Estos días me he dado cuenta de lo infantil que he sido en el pasado, y cada vez se vuelve más y más fácil saltar fuera de ese patrón emocional.

3. Experiencia personal de una mujer durante el retiro de Making Love:

Aquí hay dos historias acerca de mis emociones. En el segundo día de Making Love nos fuimos a la cama para hacer el amor. Era un poco difícil y mi pareja me contó sobre su miedo de acercarse a mí y de su miedo de abrirme su corazón. Sentí esto como una bofetada en la cara e inmediatamente me aprecié separada y rechazada. No podía quedarme más tiempo en la cama con él, así que me fui a caminar en el bosque, tomé un baño caliente y regresé a nuestro cuarto. Me sentí un poco mejor, pero mi corazón aún se sentía cerrado, lastimado y muy triste.

Unas horas después, durante la meditación de la tarde, todo el antiguo dolor apareció y me di cuenta de cómo mi ex esposo acostumbraba mantenerme siempre a cierta distancia de ciertas partes de nuestra vida. Y unos minutos más tarde sentí la distancia entre mi padre y yo cuando era una niña; mi anhelo de su amor, de estar cerca de él y la manera en que me mantenía a distancia. Descubrí que ésta era la raíz de mi patrón emocional, estaba muy enojada, llena de odio y deposité todo esto practicando danza. Durante la etapa de silencio de la meditación sentí toda mi tristeza y lloré, después de la meditación estaba muy cansada, pero mi cuerpo y mi corazón estaban "limpios" y me percaté, otra vez, de la conexión entre mi novio y yo.

Dos días más tarde, durante el almuerzo, nos sentamos en la mesa, hicimos muchas bromas y me sentí ligera y feliz. Él hizo una broma y dijo: "creo que deberías pagarme por este curso de Making Love, ¿cuánto dinero ganó x (mi ex esposo) por 12 años?" En ese momento fui capaz de decirle a mi novio inmediatamente: "Auch, esto duele. Guau, duele mucho" y en un minuto empecé a llorar, así que me paré, fui al bosque otra vez y puse mi odio y mi enojo en la tierra. Reconocí que había pagado por el amor en muchas formas. Pagué con dinero, pagué 'traicionándome a mí misma', pagué haciendo muchas cosas sólo para llenar las expectativas de mis padres, mi ex esposo, mis amigos, mis clientes.

Detrás de ese enojo había también mucho dolor, tristeza y lágrimas. Y después de haber llorado mucho, regresé a la casa del seminario, tomé un baño caliente y encontré a mi pareja en nuestro cuarto. Tuvimos una tarde hermosa, disfrutamos haciendo el amor y me sentí muy en paz, suave y gentil. Normalmente, cuando me pongo emocional, mi novio *no* se pone emocional y gracias a este espacio que me da, es posible para mí llegar profundamente a la raíz de mis emociones. Eso se siente sanador y limpiador. Pero también tengo miedo de dejar esta "manera emocional de ser" tras de mí. ¿Quién soy sin estas emociones tan fuertes? ¿Entonces todavía tengo mi poder e independencia? Mi corazón sabe que no hay nada que temer, pero mi ego está peleando como un león.

4. Confesión de un hombre, pareja de la mujer anterior:

Para mí es definitivamente más fácil reconocer las emociones en mi mujer y, con más frecuencia, puedo ver cómo me afecta e inflama mis emociones. El reto es entonces (sorpresa sorpresa) no decirle a ella: "Eres emocional", sino quedarme y sentir mi amor hacia ella. Cuando veo sus emociones le digo: "Sí, es difícil, pero no puedo hacerte feliz cuando no quieres ser feliz". De cualquier forma, siempre es un reto, pero ahora al menos no quiero *no* verla por varias semanas como era común en el pasado. Ha sido mejor desde que regresamos del seminario.

Conmigo, me di cuenta de que soy más del tipo de bajo grado emocional: "No me toques aquí, esto no se siente bien o eso es muy difícil". Por otra parte,

> *soy* sensible, así que es como caminar en la línea entre ser sensible y ser quisquilloso. Solía "descargarme" cuando manejaba. Le gritaba a otros conductores y les prendía las luces, era un toro en brama, y me sentía tan bien ¡porque ellos realmente manejan terrible! Después de los talleres recordé que mi papá solía ser igual, era tan gentil como un cordero hasta que se metía en un carro y arrancaba, entonces se convertía en un 'vengador iracundo'. Hoy al ver esto puedo manejar de una manera más relajada la mayoría del tiempo. A veces se mete la prisa en mis venas, y ahí voy, gritando y prendiendo las luces por siete segundos, después me veo y me río.

5. El reporte de una mujer, algunos años después de haber participado con su esposo en uno de nuestros seminarios:

> Hace años que trabajo en entrenamientos y cursos sobre mis emociones en la vida diaria. Las emociones nunca me dejan en paz, siempre están ahí para retarme, me han confundido y sobrecargado por un largo periodo de tiempo; determinan mi vida en un alto grado y han influenciado mis relaciones de manera que me es casi imposible relajarme amorosamente en una relación muy cercana. A menudo simplemente me sentí a merced de mis emociones, eso me sucede muy seguido, pero con esta nueva manera de diferenciar emociones de sentimientos, de sacarlos fuera y lidiar con ellos, recibí una herramienta muy útil.

Pude reconocer claramente y muy rápido sensaciones físicas, lidié con mis pensamientos, pero las emociones todavía eran confusas y agobiantes.

Algunas veces, aún hoy, no puedo saber realmente, por qué reacciono de cierta manera, ¿cuándo y por qué me siento bien hoy? ¿Qué me influye? Fue para mí una gran clarificación y un alivio oír acerca de la distinción entre emociones y sentimientos. Tan pronto como me doy cuenta de que no me siento lo suficientemente libre como para voltear hacia la otra persona con un corazón abierto, cuando una especie de canal, una rigidez crece al lado mío, cuando me rindo y me siento sin poder o cuando peleo por algo, sé que estoy emocional. Entonces me ayuda saber que gran parte de mi reacción es hacia algo viejo, algo pasado, que está guardado en mí, y que tiene sólo poco que ver con el aquí y el ahora.

Cuando soy invadida por las emociones es un alivio para mí, y también para el otro, el saber que no tienen nada que ver con la situación presente o la persona con la que estoy. Me facilita mucho decir: "Estoy furiosa, triste, desilusionada y no tiene nada que ver contigo". Con mi esposo, frecuentemente, experimento esta situación. Al decir 'Estoy emocional', la mayor parte de la tensión se disuelve.

En los encuentros sexuales con mi esposo muchas veces soy emocional. Algo acerca de mi día me mantiene ocupada, no soy buena en dejar ir, o debido a algún incidente me enfrento a una resistencia emocional, por lo tanto no me puedo comprometer físicamente o sentimentalmente. Al aceptar que "estoy emocional", nos relajamos los dos y no se necesita más. Él sabe entonces que no tiene nada que ver con él, empezamos a hablar de lo que me mantiene preocupada y puedo articular mis necesidades, lo que me ayuda a dejar ir las tensiones.

Cuando es la otra persona quien está emocional, es difícil como pareja no dejarse jalar dentro de sus propias emociones, así que los dos reaccionamos finalmente desde la base de nuestros sentimientos lastimados. Practicamos dejar al otro con su experiencia momentánea, no tratar de ayudar, no persuadir, no sentirse responsable. Al estar conectada conmigo misma no reacciono emocionalmente e incluso puedo apoyar al otro en sus emociones. Me mantengo conectada con mi pareja. Si hay emociones fuertes, especialmente de coraje, pena o dolor, es importante que me dé permiso a mí misma para alejarme de la otra persona, para estar callada y clara. Tengo que tomar la decisión de hacer eso conscientemente, sabiendo que es lo mejor para mí y para nosotros. Esto es a menudo difícil para mí, y lo experimento como un acto de voluntad. Tengo la tendencia de engancharme a la situación en lugar de dejarla ir.

En una ocasión que había reprimido fuertemente mis emociones, perdí el control, con coraje y dolor, rompí el asiento del baño. No logré manejar más mis emociones para cambiarlas o soltarlas en una actividad física no peligrosa. El poder y la fuerza de ellas, así como mi pérdida de control me impresionaron mucho. Después de este incidente me volví más consciente, tomé las emociones más seriamente; ahora puedo comprender cómo es que puede haber violencia en las relaciones.

A partir de aquel hecho preferimos colgar un costal de boxeo, que ayude a toda la familia a expresar las emociones que estén atoradas.

Si uno de nosotros está fuertemente emocional, el tema de tener un encuentro sexual es tabú para mí, ya que como soy naturalmente receptiva como mujer, me siento particularmente en peligro de absorber las tensiones de mi pareja. Mientras tanto, nos hemos sensibilizado para no molestarnos más con emociones innecesarias. A menudo no soy consciente de mi propia reacción ante las emociones inexpresadas de mi esposo: es mi cuerpo el que reacciona y resiste la corriente, o mi corazón no se abre cuando hacemos el amor. También puedo decir que, por alguna razón, simplemente no puedo relajarme y rendirme; aunque no me sienta emocional. También en estos momentos, platicamos, esto es muy importante. Tengo la impresión de que, debido a la distinción entre sentimientos y emociones, podemos ser más libres entre nosotros. Nos disfrutamos cuando experimentamos el estar desconectados de viejas historias, totalmente conectados con nuestro sentimiento aquí y ahora. Con esto logramos un enorme estado de presencia en el aquí y el ahora.

6. Experiencias de una mujer que participó en nuestros seminarios varias veces:

Hace dos años, aprendí en su seminario acerca de la distinción entre emociones y sentimientos. Me atrajo y desde entonces intentamos aplicarlo en nuestra vida diaria. Primero pegamos la "lista de detección" en nuestro refrigerador, éste es el lugar de nuestra casa que es frecuentado casi a toda hora del día. Aquel recordatorio permanente (a veces desagradable) fue un gran soporte, especialmente al principio. Rápidamente redujimos al mínimo nuestras peleas de pareja. No nos habíamos dado cuenta de lo frecuentes que eran nuestras peleas diarias y de que ya pertenecían a nuestra rutina. Frases como "Tú siempre..." "Tú nunca..." eran parte de la introducción en nuestros problemas. Tan pronto como uno de nosotros usa estas palabras, ahora, reconocemos nuestro estado emocional y casi siempre sabemos qué hacer, rápidamente me di cuenta de que me tomaba todo personalmente. En el transcurso del año me he vuelto más consciente de mis patrones de comportamiento, podía detener algunos de ellos inmediatamente, y si a veces no tenía éxito, al menos podía salir más rápido y fácilmente de esa situación.

Antes, definitivamente, era consciente cuando estaba en uno de mis estados emocionales, pero no tenía las herramientas suficientes para liberarme de ellas. A menudo, al tratar de explicar (hablando, hablando y hablando), todo se ponía peor y tomaba más tiempo. Ahora, varias situaciones estresantes con mi pareja y primordialmente con los hijos simplemente se han disuelto.

Puedo recordar una conversación por teléfono con un pariente muy colérico. Queríamos hacer una cita durante esta corta conversación empezó a descargar inconscientemente sus emociones. En lugar de escucharlo con paciencia, me esperé hasta que tomé el primer respiro y lo interrumpí amigable y decididamente para decirle que tenía una cita. Él también se detuvo de inmediato y nos despedimos. Antes me sentía expuesta en estas situaciones y me sentía obligada a escuchar, a tratar de "ayudar".

Ahora que soy capaz de hacer una distinción entre sentimientos y emociones, ya no tengo la impresión de estar lastimando a los otros si no los ayudo, fuera de mi viejo hábito de comprometerme. Me siento menos cargada, porque ahora no dejo que otros me usen como basurero de sus tensiones emocionales. Con el ejercicio diario, mi medio ambiente social se vuelve cada vez más claro, he vaciado y soltado emociones como el enojo, la indignación, las quejas y también la euforia. A menudo me veo en otros y trato de actuar diferente y no reaccionar ¡Cada vez tengo más éxito!

Una vez mi pareja duró varios días en una depresión sin que yo fuera afectada y sin que me jalara hacia abajo. Yo estaba de buen humor, él siguió mi consejo "bien intencionado" de que moviera su cuerpo, pero desafortunadamente no tuvo éxito: "no importa cuánto aspire la casa o cuánta agua tome, de todas maneras nada me ayuda", dijo mi pareja en tono rudo. Tan pronto como lo expresó, sentí una presión en mi cabeza y toda la compasión que había tenido se fue. Afortunadamente no reaccioné con un contraataque, pero tuve la noción de que debía abstenerme de dar más consejos, como forma de defensa. Un poco después de que nuestros estados se "disolvieron", nos reímos mucho de lo cómico de la situación.

La conciencia permanente de mi estado emocional se ha vuelto una parte diaria de mi pensar, sentir y actuar. Por lo tanto, he tenido la impresión de que hay niveles aún más sutiles que se están abriendo y que es por eso que uno se vuelve más esquivo al reconocer los estados emocionales presentes. Es muy fácil para mí identificar emociones que se derivan de viejos recuerdos dolorosos. Las mayores dificultades son creadas por mi mente, que se vuelve más truculenta y produce emociones sin un detonador externo y sin que me dé cuenta. En los dos años anteriores, he experimentado mucho más relajación y serenidad, encontré una mayor comprensión y estoy muy agradecida por eso. La vida con mi pareja y mis hijos se ha vuelto más amorosa, íntima, simple y sobre todo con más humor. Podemos reírnos de los cambios constantes de nuestros estados internos y bromeamos acerca de las "trampas" en las que caemos una y otra vez.

7. Confidencia de la experiencia personal de una mujer que regresó a nuestro seminario:

Mientras escuchaba el seminario por primera vez, creí que yo no era una persona emocional, ya que era muy poco probable que peleara con mi esposo. Después de escuchar el seminario ahora, por segunda vez, un año después, tuve que admitir que realmente soy muy emocional, de una manera subliminal, pero casi continua, especialmente con mi esposo. Me di cuenta de esto cuando comprendí el concepto de "subliminal o bajo grado de emoción". Como fui criada de una manera muy controladora (mis padres y otros adultos me daban crédito por ser tan "equilibrada"), siempre traté de evitar conflictos con mi pareja. Tan pronto como me sentía lastimada o anticipaba algún conflicto, me retiraba inmediatamente, lo que se sentía como un congelamiento interno. Siempre que se tocaba una emoción dentro de mí, la reprimía inmediatamente, en lugar de expresarla en forma de discusión o como acusación. Lo "reciclaba", por así decirlo. A través de los años, estas emociones recicladas formaron una barrera casi indestructible entre nosotros, que impidió finalmente cualquier sentimiento amoroso. Desde entonces me he abierto más con mi pareja, me he dado cuenta de que soy altamente emocional porque es la primera vez que percibo y permito mis emociones, esto me provoca mucho miedo. Al mismo tiempo, puede ser muy compensador si logro ver que es "sólo una emoción". ¡Qué alivio!

8. Confidencia de un hombre después de asistir a un seminario:

Quedé muy impresionado con sus ideas tan profundas y su reflexiones sobre la diferencia entre emociones y sentimientos. Además de lo importante que es este concepto para las parejas, estoy seguro de que puede tener un gran impacto en la construcción de la paz mundial; por ejemplo, en los conflictos étnicos en la antigua Yugoslavia. Estoy trabajando en este tema, comparando varios conceptos sobre la construcción de la paz mundial como el de *Communication Without Violence* (por Marshall Rosenberg), la meditación, soluciones sistemáticas (basadas en terapia familiar sistemática y *coaching* sistemático), así como en propuestas sobre los sistemas de constelaciones (basado en la propuesta de familias de constelaciones de Bert Hellinger). Todos estos "métodos" son de gran ayuda, todos hacen mucho hincapié en la importancia de lidiar con las emociones o los sentimientos de los partidos en conflicto para alcanzar una solución de larga duración, pero ninguno de ellos ve la diferencia entre los sentimientos y las emociones (así como yo tampoco lo veía) ¡Hasta que ustedes nos lo dijeron! Por ejemplo, el conflicto en la antigua Yugoslavia obtiene su energía, en parte, de haber perdido la pelea de los serbios contra los musulmanes hace seiscientos años en Amselfeld. ¡Aún está en la mente de los Serbios que perdieron!; creo que todo lo relacionado con esto es más una emoción que un sentimiento. Por otro lado, cada día hay más heridas, lo que aumenta los sentimientos, si nadie ve la diferencia, las energías de las emociones y los sentimientos se mezclarán de manera alocada y el conflicto no podrá resolverse (mejor dicho: nunca llegaremos a estar cerca de una solución al conflicto). Para mí son muy interesantes estos aspectos de los sentimientos y las emociones aplicados al concepto de la construcción de la paz mundial. Quizá este aspecto quepa en su libro como una aplicación adicional.

Sin relación con su trabajo en las emociones, quiero compartir una imagen que vino a mi mente en los últimos días: el sexo convencional es como escalar una montaña, directo a la cima. El sexo tántrico, como he aprendido de muchos otros maestros de "neo tantra", es también como escalar una montaña, pero alcanzando cumbres más altas que en el sexo convencional, y bailando al acercarse a la cima, hasta que la alcanzas. El sexo tántrico, como he aprendido con ustedes en los días pasados, sucede también en los paisajes de la montaña. Sólo que mucho antes de que te empieces a cansar al querer alcanzar la cima, encuentras praderas encantadoras, bosques maravillosos, pequeños arroyos con agua cristalina que puedes beber. Así que comienzas a caminar alrededor de la montaña. De vez en cuando, puedes ver y subir la cima en el momento que desees, pero usualmente no tienes la necesidad, porque justo donde estás es muy hermoso.

APÉNDICE: INSPIRACIÓN EN EL AMOR

Han sido incorporados en el texto algunos extractos de las charlas de Osho, aquí pueden ser leídos completos.

¿Qué es el amor?

Pregunta de Tallis: Osho, ¿qué es el amor?

> El amor es el resplandor, la fragancia de conocerse a sí mismo, de ser uno mismo. Tallis es muy joven —tan sólo tiene nueve años— pero está muy por delante de su edad. Su edad mental debe ser casi el doble, diez y ocho aproximadamente, de ahí la pregunta. El amor es una alegría desbordante. Amor es cuando

has visto quién eres, entonces no queda nada excepto compartir tu ser con otros. Amor es cuando has visto que no estás separado de la existencia. Amor es cuando has sentido una unión orgánica y orgásmica con todo lo que hay. El amor no es una relación, es un *estado del ser*; no tiene nada que ver con cualquier otra persona. Uno no *está* enamorado, uno *es* amor. Y por supuesto cuando uno *es* amor, uno *está* enamorado, pero éste es un resultado, un derivado, no la fuente. La fuente es que *uno es amor*. ¿Y quién puede ser amor?

Ciertamente, si no eres consciente de lo que eres, no puedes ser amor. Serás miedo. El miedo es justo lo contrario del amor. Recuerda, el odio no es lo contrario del amor, como la gente piensa, el odio es el amor volteado de cabeza, no es lo contrario del amor. Lo contrario del amor verdadero es el miedo. En el amor uno se expande, en el miedo uno se encoge. En el miedo uno se cierra, en el amor se abre. En el miedo uno duda, en el amor se confía. En el miedo uno se queda solo, en el amor uno desaparece, por lo que no hay duda de la soledad en absoluto. Cuando uno no está, ¿cómo puede uno estar solo?

Luego, estos árboles y los pájaros y las nubes y el sol y las estrellas están todavía dentro de ti. Amor es cuando has conocido tu cielo interior.

Y Tallis, éste es el momento adecuado, la edad adecuada, para entrar en el mundo del amor. Éste es el momento cuando los padres, la sociedad, el Estado y la Iglesia empiezan a envenenar a los niños y a hacerlos temer. Éste es el momento cuando el miedo es creado por los explotadores. Éste es el momento en que la sociedad reduce a los niños pequeños a ser esclavos, y uno sólo puede ser esclavizado si se crea un gran temor.

Éste es el momento también –si la sociedad está sana y no está dominada por los políticos y los sacerdotes– cuando la sociedad va a ayudar a los niños a ser más y más amorosos, ayudará a los niños a conocer más sobre la belleza, la música, la poesía, la danza, la meditación. Éste es el momento en que el niño puede tomar una caída sin ninguna dificultad. Más adelante se hará más y más difícil porque a medida que se envejece, también crecen los temores y se hacen más fuertes. Al envejecer, el ego se fortalece, la capacidad de aprender se reduce cada vez más y uno se vuelve cobarde y temeroso de lo desconocido.

El niño es libre de miedo, los niños nacen sin ningún temor. Si la sociedad puede ayudarlos y apoyarlos para permanecer sin miedo, para subir a los árboles, las montañas y nadar en los océanos y los ríos; si la sociedad puede ayudarlos en todo lo posible para convertirlos en aventureros de lo desconocido, podría crear una amplia pregunta en lugar de darles creencias muertas. Sólo así los niños se convertirán en grandes amantes de la vida. Y esa es la verdadera religión; no hay religión más elevada que el amor.

Osho, Enseñanzas transcritas,
The Guest, 6

El amor debe ser retirado de la categoría de las emociones

Pregunta: Muy a menudo un sentimiento que no puedo describir llena mi corazón y todo mi ser. Durante el discurso de la mañana sentía un gran amor por usted y por el todo. Pero ahora me doy cuenta de que un sentimiento igual, o muy similar también surge en el miedo, la angustia, el dolor punzante, la impotencia y la frustración. Estoy temblando y confuso. ¿Puede decir algo?

Sin duda hay algo muy similar en muy diferentes emociones: la pesadumbre. Puede ser amor, puede ser odio, puede ser rabia, puede ser cualquier cosa. Si es demasiado, entonces tienes la sensación de estar abrumado por algo. Incluso el dolor y el sufrimiento pueden crear la misma experiencia, pero la pesadumbre no tiene valor en sí misma. Simplemente demuestra que eres un ser emocional.

Éste suele ser el indicio de una personalidad emocional. Cuando sientes ira, todo es ira y cuando sientes amor, todo es amor. Casi te pones ebrio de emoción, y cualquier acción que salga de ti será errónea. Incluso si el amor es abrumador, la acción que salga de él no será correcta. Reducido a tu base, cada vez que te veas abrumado por cualquier emoción perderás toda razón y sensibilidad, será casi como si te ocultaras en una nube oscura. Luego, hagas lo que hagas, va a estar mal.

El amor no debe ser una emoción, comúnmente eso es lo que la gente piensa y experimenta, pero cualquier cosa abrumadora es inestable. Viene como el viento y luego se va dejándote atrás, vacío, hecho añicos, triste y dolido. Según aquellos que conocen al ser humano –su mente, su corazón y su ser–, el amor debe ser una expresión de nuestro ser, no una emoción. La emoción es muy frágil y cambiante, en un momento parece ser todo; en otro, estás simplemente vacío. Así que lo primero que debemos hacer es sacar al amor de esta multitud de emociones abrumadoras. El amor no es abrumador, al contrario, es una gran revelación, claridad, sensibilidad, conocimiento. Pero esa clase de amor raramente existe porque muy poca gente alcanza su ser.

Osho, Enseñanzas transcritas, Om Shantih, Shantih, Shantih, 17

El miedo es la ausencia del amor

Pregunta: Dices que el miedo es lo opuesto del amor. ¿Tienes alguna sugerencia práctica de cómo abandonar el miedo?

El amor es existencial; el miedo, sólo la ausencia del amor. Y el problema con cualquier ausencia es que no puedes hacer nada directamente. El miedo es como la oscuridad. ¿Qué puedes hacer directamente con la oscuridad? No puedes dejarla, tirarla, ni invitarla. No hay manera de relacionarse con la oscuridad sin la luz. El camino hacia la oscuridad es vía la luz. Si quieres oscuridad apaga la luz; si no, préndela, pero tendrás que hacer algo con ésta, no con la oscuridad.

Lo mismo es verdad con respecto al amor y al miedo: el amor es luz; el miedo, oscuridad. La persona que se obsesiona con el miedo nunca será capaz de resolver el problema. Es como luchar contra la oscuridad, tarde o temprano vas a acabar exhausto y además vencido. Y el milagro es que ¡has sido vencido por algo que no está ahí en primer lugar! Y cuando uno se siente vencido, ciertamente cree que la oscuridad, el miedo y la ignorancia son tan poderosos como el subconsciente. Y no lo son en absoluto, ya que no existen realmente. Nunca pelees con lo inexistente, ahí es donde todas las religiones antiguas se perdieron, una vez que empiezas a pelear contra lo inexistente ya estás condenado. El pequeño río de tu conciencia se perderá en el desierto de lo inexistente, y éste es infinito.

Por lo tanto, la primer cosa que debes recordar es: no hacer del miedo un problema. El amor es la cuestión. Se puede hacer algo sobre el amor de inmediato, no hay necesidad de esperar o posponer. ¡Empieza a amar! Es un regalo natural que te dio Dios, o la totalidad, o cualquier término que desees. Si has sido criado de una manera religiosa, entonces Dios; si no, el Todo, el Universo, la existencia.

Recuerda, el amor nació contigo; es una cualidad intrínseca. Todo lo que se necesita es encausarlo, abrir un pasaje para él, para que fluya, para permitirle ser. Todos estamos bloqueándolo, reteniéndolo. Somos tan avaros con el amor por la simple razón de que hemos aprendido algo de economía. Ésta está bien en el mundo exterior: si tienes mucho dinero y te la pasas dándolo a la gente, pronto serás un mendigo, pronto tendrás que rogar por él. Dando dinero lo pierdes, esta aritmética ha entrado en nuestra sangre, nuestros huesos y nuestra médula. Es verdad, en el mundo exterior no hay nada malo en ello, pero no lo es así en el viaje interior. Ahí la aritmética funciona diferente: mientras más des, más tendrás; mientras menos des, menos tendrás. Si no das para nada, perderás tus cualidades naturales. Se volverán rancias, cerradas; se irán bajo tierra. Al no encontrar expresión se encogerán y morirán.

Osho, Enseñanzas transcritas, Come, Come, Yet Again Come, 10

BIBLIOGRAFÍA Y LECTURAS RECOMENDADAS

Títulos y referencias proporcionados en el libro.

Más información acerca de Osho: *www.osho.com*

LONG, Barry. *Raising Children in Love, Justice and Truth*, Barry Long Books, 1998.

LONG, Barry. *Haciendo el amor: amor sexual, el modo divino*, Gulaab ediciones, 2009.

LONG, Barry. *Love Brings All to Life*, Barry Long Books, CD Audio.

RICHARDSON, Diana. *Tantra, amor y sexo: el corazón del sexo tántrico*, Gulaab ediciones, 2010.

RICHARDSON, Diana. *Orgasmo tántrico para mujeres*, Gulaab ediciones, 2007.

RICHARDSON, Diana & Michael. *Sexo tántrico para hombres*, Gulaab ediciones, 2011.

ROSENBERG, Marshall. *Nonviolent Communication: A language of life*, Puddle Dancer, 2003.

RUIZ, Don Miguel. *The Four Agreements*, Amber-Allen, 1997.

RUIZ, Don Miguel. *Mastery of Love*, Amber-Allen, 1999.

TOLLE, Eckhart. *El Poder del Ahora*, Gaia Ediciones.

TOLLE, Eckhart. *Una Nueva Tierra: Un Despertar al propósito de tu vida*, Editorial Norma.

Amor, dicha, satisfacción. Sentimiento vs emoción,
de Diana & Michael Richardson
se terminó de imprimir y encuadernar en junio de 2011
en Programas Educativos, S. A. de C.V.
calzada Chabacano 65 A, Asturias DF-06850, México

Yeana González, dirección editorial;
Elman Trevizo, edición;
Ave Barrera y María Fernanda Heredia, cuidado de la edición;
Víctor de Reza, formación